大圣电商圈子丛书

电商老板

管理精髓 上册

E-Business Management

孙清华（大圣）著

中国经济出版社
CHINA ECONOMIC PUBLISHING HOUSE
·北京·

图书在版编目（CIP）数据

电商老板管理精髓．上册／孙清华著．-- 北京：中国经济出版社，2022.9（2025.7 重印）

（大圣电商圈子丛书）

ISBN 978-7-5136-7061-6

Ⅰ．①电… Ⅱ．①孙… Ⅲ．①电子商务－经营管理 Ⅳ．① F713.365.1

中国版本图书馆 CIP 数据核字（2022）第 153103 号

责任编辑　牛慧珍
责任印制　李　伟
封面设计　任燕飞

出版发行　中国经济出版社
印 刷 者　河北宝昌佳彩印刷有限公司
经 销 者　各地新华书店
开　　本　710mm × 1000mm　1/16
印　　张　14
字　　数　168 千字
版　　次　2022 年 9 月第 1 版
印　　次　2025 年 7 月第 15 次
定　　价　68.00 元
广告经营许可证　京西工商广字第 8179 号

中国经济出版社　**网址** www. economyph. com　**社址** 北京市东城区安定门外大街 58 号　**邮编** 100011
本版图书如存在印装质量问题，请与本社销售中心联系调换（联系电话：010–57512564）

前 言

PREFACE

到目前为止，电商这个行业已经发展了30多年，但还没有一个人完完整整地讲过电商团队管理的课程。很多电商老板对于电商团队管理的认知，都是在无数次的失败经验中总结而来的。

为了帮助大家少走弯路、少走错路，能有一个全面的电商团队管理的知识架构，我决定把这么多年辅导电商学员，以及和很多电商老板交流的一些经验，给大家做一下分享。

电商团队管理涉及的内容比较多，既有老板的思想认识，也有实际的选人用人技巧，还有具体的管理方法，更有团队稳定的机制设计。因为内容多，所以笔者将本书分成上下册来阐述。

上册包括思想篇、组建篇、绩效篇、骨干篇、用人篇，主要讲的是电商老板首先要具备正确的思想，然后去组建自己的团队、设计绩效考核方案，重点是会用人，尤其是用好骨干成员。

下册包括执行篇、分权篇、分钱篇、合伙篇、机制篇、老板篇，主要讲电商老板如何提升团队的执行力，然后为了团队的稳定，如何通过分权、分钱、机制设计留住核心人才，最后是对电商老板的忠告。电商老板的苦与乐、经验与教训，笔者接触得太多，所以专门留出一个章节来和老板们谈谈心。

希望大家能够把这11篇内容掌握好，慢慢地消化，到最后你会发现，你的收获是巨大的。

目　录

CONTENTS

01 第一章 思想篇 THOUGHT ARTICLE

「电商管理是否有成效，源于你的思想是否正确」

所有的努力能不能产生好的、正向的结果，就源于你的思想是否正确。因此，对于电商团队管理，我们首先要讲的就是思想篇。

思想篇是其他所有章节的纲领。也就是说，其他章节的学习能不能产生效果，就看你能不能理解这一篇的内容了。如果你能够把电商团队管理这个底层逻辑给搞明白，那么管理的问题你就已经消除了 50%。

思想篇总共分为三个小节。第一，企业管理的终极目标；第二，10 种错误的管理思想；第三，电商管理和传统企业管理的区别。

希望大家带着对这三个问题的思考，参照自己已有的管理思想，走进思想篇。

THOUGHT ARTICLE

一、企业管理的终极目标

企业“管理”和“经营”，是推动企业前进的两个轮子。

你会发现很多老板“经营”企业，再辛苦也不觉得累。因为他们心里清楚，“经营”能够创造价值，能够实现盈利。而“管理”不同。“管理”有的时候并不能让你看到直接的经济效益，但却一定会耗费很多精力。

老板最苦的时候，往往就是在做“管理”的时候。

“管理”非常累，你付出了很多，却没有达到理想的状态。它不是一件能因为你的行动而产生相对应结果的事情，你的一番心血就像石沉大海，激起一点波澜却无法产生任何改变。这时候不仅是身累，更是一种找不到方向的心累。

为什么明明这么累，我们还要学做企业管理呢?

“管理”是一个你不学，你就肯定不会的东西。你自己摸索，所能形成的思维逻辑和方法论都是不成体系的。甚至，即便你听了一些管理课程，你也不一定能真正学会做“管理”。它是这样的一个课程：需要你的经验、你的实操、你的理解以及你个人的人格魅力去完成的一件事情。

一旦你真正懂得了“管理”，你就会发现，你将成为这个世界上最有影响力、最能够团结人的人；成为能够把企业管理中遇到的每一个问题都解决得非常完善并且非常轻松的一个人。

然而，管理的课程是非常枯燥的。关于管理，虽然有趣的小故事可以博大家一笑，但笑过之后你得不到什么实际有用的东西。我更希望把管理的底层逻辑教给大家，希望带给大家更接地气的管理方法论，给到大家帮助。

1. 人是世界上最复杂的动物

人是最复杂的动物。很多人在经营方面很擅长，但是管理方面就不擅长。

马云特别牛，对不对？但他手下的合作伙伴彭蕾说："马总管什么业务，什么业务就会死掉。他不适合做管理业务，他适合出去演讲。"

马云天生是一个演讲家，可以天马行空地说，有开阔的眼界、独到的见解，可以有很多的创意，却不适合做管理。

人都是有特点的。你会发现某些人可能做营销很厉害，某些人做品牌很厉害，某些人做经营很厉害。但是涉及管理人的时候，大部分人都不知道该怎么去管。因为管理复杂的人，是一个更加复杂的问题。

2. 企业是一条不归路，管理是一道生死坎

企业在发展中有两个轮子：一个轮子叫"经营"，一个轮子叫"管理"，这两个轮子不断地推动着企业这辆"车"在前进。企业是一条不归路，管理是一道生死坎。

（1）当了老板之后，就彻底踏上了一条不归路

你最开始创建企业可能只是为了解决自己的温饱问题，在你解决温饱问题的过程中，你要培养一个团队来帮你解放自己，让自己不要那么累。当你在解决自己不要那么累的过程中，你会发展一批团队。当这批团队跟你在一起干的时候，你会产生感情。当你产生感情的时候，你自然也就抛不下他们了。当这些人融入你的团队中，你就会有责任。这个时候，你自己赚了钱，必须让跟着你一起干的人也要赚到钱。

你会发现企业除非破产，只要能做下去，一般不会出现老板中途撂挑子不做了。一个企业，从成立到结束，永远有很多很多的问题，所以做企业是一条不归路。

（2）每一次“管理”就是一道生死坎

一开始你的个人能力很强，你是一个高出行业标准的人。你不愿意去上班，你更愿意去创业，于是你创造了一家企业。而在这个过程中，你可能很快找到了自己的擅长点，发挥了自己的能力，不断地完成任务突破。这时企业就开始找到破局点，开始做上去，业绩也大幅度提升。而在这个过程中，最需要解决的问题是什么？是经济问题，即要如何活下来的问题。

如果你的企业活不下去，一切都是白扯。这个阶段你根本没办法思考任何“管理”的东西，你思考的是如何活下来。当你终于找到业务，能够带来稳定的现金流，并且完成了经营线的增长的时候，你突然间发现，自己的能力跟不上你的企业发展需求了。你的精力非常有限，靠自己经营的销售额已经到达瓶颈。光靠自己不行了，于是你必

须要有团队。

你要去搭建一个团队，要有你的左膀右臂。当你去复制团队的时候，去招人的时候，你的整个成本就开始增加。再去管理人的时候，你会用掉更多的精力，不像以前只需顾好自己不顾别人了。你在复制团队里面下了很多心血，而人员还是有很多的流失。最重要的是，在培养这个团队的过程中会失去对经营的精力分配。你会发现你的销售额处在一个稳定、没有增长，甚至利润略微下滑的状态。哪怕销售额可能还在增长，但是利润却在下滑，因为你的成本增加了。

你在团队中选了两三个人，把他们的能力提高起来，让他们组成了另一个小小的团队。作为一个老板，你开始从个人奋斗走向团队奋斗，从依靠个人能力走向依靠团队能力。当你有了团队的时候，一般你的销售额会出现再一次的增长。这个阶段你遇到的是什么问题呢？又是经营问题。

我们解决完管理的问题之后还会再遇到经营问题。因为越来越多的人跟着你了，成本大幅增加，你要么把成本节省下来，要么把利润增长上去。而当你的成本节约不下来、企业变得越来越正规的时候，你必须增加利润。这个时候我们就要去解决再一次的发展问题，再一次的突破问题。

当你在解决再一次发展问题的时候，会发现现有的团队跟不上你的节奏。你现在的团队没有办法帮你解决经营增长的问题，公司发展速度太快了，他们跟不上。这个部门缺人，却没有人；那个店铺需要一个运营主管，却还是没有人。在你店铺增加、产品增加、爆款增加的这些过程中，工作量在加大，人力却没跟上。人对业务的支撑不够，这个时候又遇到了一个瓶颈。只能从团队中再次培养一批人出来，使团队变成一个组织。

从现在开始企业就到达系统层面，形成了高层、中层、基层。当你的组织慢慢变大、人渐渐多起来的时候，开始的那批人已经从基层变成高管了，以前他可能一个月就拿七八千元的薪水，现在他要你的股份、要你的利润。人越多、摊子铺得越大、滚动资金越多的时候，你会发现你自己的利润又在下滑，必须再次寻求经营的增长。在你解决财富积累的过程中，你赚了钱，住了别墅豪宅，你下面的员工其实也想做到这一步。因此你想要凝聚你的员工，就必须把你的高管拔起来，必须让底下的员工参与到你的财富分享中。

当你继续去创造财富、继续创造增长的时候，你必须去探索每一个组织下面的体系是什么，怎么复制一小堆的中层和基层，把你的组织系统给打造出来。而每一次发展，如果你完成不了团队构建，企业就会走下坡路，很多企业就在这里“死”掉了。所以说，每一次“管理”都是企业的生死坎。

一旦做了企业，老板就走向了一条不归路，将被底下的一堆人给“绑架”，抬到上面去。你必须为他们创造价值，必须带着他们去赚钱，否则一个企业就会倒下。

（3）做企业的过程，就是不断地解决经营和发展的问题

做企业是“经营—管理—经营—管理—经营—管理”的死循环，是我们永远也解决不完的问题。解决完经营问题之后，随之而来的就是管理问题；解决完管理问题，随之而来的就是再发展的经营问题。

3. 管理没有标准答案

> 孤军奋战的时候你熬过来，活了。反而有了一群人跟着，你更容易死掉。
>
> ——大圣老师

当你一个人的时候，你一无所有。你单枪匹马，进可攻，退可守，大不了从头再来。

当你有一个团队的时候，你就有了责任，有了顾忌，要顾全大局，不能任意妄为。

人员的增加，意味着管理难度的增加。上上下下的心能不能往一处想，心会不会分出一些派别，心能不能有统一的价值观，这是一件很复杂的事情。人一多就会产生内耗，把所有人给统一起来是非常难的。因此，有一群人跟着你的时候，企业反而更容易死掉。

> 企业如人，经营就是长大，管理就是保证在长大的过程中不会死掉。你每一次优化管理都是为了保持持续经营，因此，管理的终极目的就是为了保障经营增长。
>
> ——大圣老师

成长过程中人要吃饭、要运动、要学习、要补充能量，你的每一次优化管理都是为了保证持续的经营。管理的终极目的就是为了保障经营增长，有更好的人才做补充，形成更好的梯队。

（1）管理比经营更难的是：管理没有标准答案

即便你听过再多的课程，听过再厉害的大师的课程，你都找不到一个管理的标准答案。不同的企业情况不同，它需要的管理解决方案也不同。

（2）管理没有标准的答案，但是可以避免很多管理误区

在理解了“管理是为了经营”这个总思想之后，我们在下面小节中继续进行展开。你会发现管理特别累，做老板的尤其会体会到深深的心累和特别的委屈。明明我对员工特别好，用了很多心，给他们的薪水也不低，结果员工还是不理解、不支持，不能跟你站在同一条战线上，你发现管理耗费了你的很多心血。

我们虽然找不到一个管理的标准答案，但是可以努力去避免管理上的误区，让我们在管理的过程中少走弯路、少走错路，不犯错就是正确的路径。

THOUGHT ARTICLE

二、10 种错误的管理思想

为什么作为一个老板，会觉得特别心累？

为什么很多老板抓不到管理的诀窍？

为什么很多老板总是做不好企业管理呢？

这是因为很多老板的管理思想从一开始就是错的。事实上，管理有 10 个思想上的误区。

1. 妄想员工干一辈子，不能接受员工离职

很多老板总抱有一个想法：希望员工能跟自己干一辈子，不能接受自己培养的员工离职。

我每次讲课都会问：你们想不想员工给你们干一辈子？很多老板都说想，特别想。其实这是妄想。

如果你抱有这个思想，那么你做企业就会感到不幸福，常常会觉得心累。一旦你的员工离职，你就会很难过。尤其是那些能力强的、你花了很多心血培养出来的员工，一旦离职你就会很伤心，觉得世态炎凉、人心难测。“我对你付出那么多，你却毅然决然地走了。”

首先我们要抛弃这个思想，从招人开始，就要准备好员工会随时离职。没有一个员工会给你干一辈子，不要奢求员工长久待在你的企

业，不要妄想你的员工会对你永远忠诚。具备这个意识之后，你就会减少很多不必要的苦恼。你就会明白，其实员工只是在他应该在的时间之内，为我们创造价值。

除了你的合伙人外，一个员工最长能在一家公司工作多久呢？

我做了个大概统计，结果说明：一个员工能够在公司待上三年，算是比较不错的了。长的话待上五年，五年以上的特别特别少。一个人毕业后的前五年是跳槽最多的时候，如果五年后还在跳槽，说明这个人事业上没有什么大的进展，或者职业规划有问题。所以一个员工能够在你的公司工作五年，已经算是很好的了。

（1）你创办企业的目的是什么

这是我经常问的一个问题。很多人说：我创立企业的目的是赚钱，是实现财富自由，是让我的家人生活得更好。当然，这些目的没有问题，非常的好。但是，如果你抱着这种目的来创办企业，就注定会把自己累死，并且很难把企业做大。

如果你只是想解决自己的财富问题，实现自己的财富自由，那么这家企业就是你自己的。既然是你自己的，你怎么还敢想让员工给你干一辈子呢？他随时可以走，他不用承担任何的责任。

创立企业的目的其实是为了成就别人，是为了成全你的员工。让你的员工都能过上幸福的生活，让你的员工都能得到提升，让你的员工都能得到成长，你的员工才会自动自发地跟着你。

你要重新转变一个理念——从今天开始，要从使用人变成成就人，你再也不是为了自己而创造企业。

把这个问题梳理清楚以后，你会发现好多管理问题迎刃而解。凡事多想想：我创造这家企业能不能让我的员工更赚钱？我能不能让我的员工过得更幸福？我能不能让我的员工买车买房？我能不能让我的员工实现财富自由？你想想，你的员工都能赚到钱了，你还能不赚钱吗？

其实这种无私，反而是最大的自私。你的员工成长，你的企业也一定会成长，你的员工赚钱了，你也一定会赚钱。

（2）不要妄想他人一辈子跟着你，要思考如何益于他人一辈子

> 不要妄想他人一辈子跟着你，要思考如何益于他人一辈子。
>
> ——大圣老师

越厉害的老板越能够大方接受员工辞职，甚至帮助员工实现自己的财富自由。

“我觉得你在公司的成长速度很快，如果你愿意出去开店我可以给你投资；你需要供应链，我可以帮你找；我们合作，你占大头，我占小头；我愿意让你成为一个合伙人，因为我觉得工作使人贫穷，只有让你成为一个合伙人，让你自己拥有一家企业，你才会有成就感，我们才能真正成为朋友。”

创立企业，这辈子赚多少钱并不是最重要的，到最后什么也带不走。最重要的是我们在企业经营过程中，我们会遇到什么人，成就什么人，帮助什么人，这些人跟我们形成一个什么样的关系。

（3）企业存在的目的应该是创造社会价值

作为社会的经营主体，企业存在的目的应该是创造社会价值，否

则社会就不需要这家企业，因为社会不需要一个只想着自己赚钱的老板。所以说，如果你创立的企业是为了解决自己的温饱问题，是为了解决自己买车买房的问题，是为了解决自己的家庭财富问题，那么这家企业就没有存在的必要，因为社会不需要这样一家企业。

社会需要的是能够创造社会价值的企业。创造一家企业不是只为了自己，而是为了向社会提供优质的产品或服务，满足大众的需求；向国家缴纳税收，支持地方经济和民生的发展；向人才提供工作机会和成长的空间；等等。企业向人才提供工作机会，而人才也会回报企业以效益增长。老板只有这样想，才能从根本上杜绝和员工的对立关系。企业的利润是员工创造的，员工才是我们最大的客户。员工为我们创造了价值，我们应该把员工服务好。

你的企业能发展到什么程度，取决于员工是否百分之百的努力。从今天开始，你要思考一个问题：如何从使用人变成成就人？如何为员工创造价值？如何让员工成长？

2. 总期望员工听自己的，认为管理就是管住人

许多老板都想让员工听自己的，认为管理就是管住人。你觉得这个人很好管，就认为他是优秀的员工。凡是这样想的老板，基本很难把企业管理好。因为管，是一个被动接受的指令，而被动接受你的指令，他就不会发挥自己的能动性。

打个比方。如果一个家长常常要求自己的孩子听自己的话，要求孩子按自己说的做，这个小孩很可能就会被家长教坏。为什么呢？如果你让孩子听你的话，你的孩子就只能成为你这样的人，达到你的成就，甚至还不如你，他发挥不了他最大的能动性。所以，应该让小

孩多自主思考、多去探讨。应该多问问这个小孩：你有什么意见？你有什么想法？这个小孩才会给你更多他的想法和意见。也许他可以让自己变成一个更优秀的人。他有自己的规划，并不一定要按照你的路来走。

（1）一个人工作的效率和效果是由什么来决定的

首先是看他的意愿，他想不想做这件事，他愿不愿意去做。然后才是他的能力。如果我们给员工布置一个工作，他没有这个意愿，但是又不得不去做。他的情绪就不会高，只能单靠能力来完成你布置的工作。当他只能输出能力的时候，他就会感到不快乐，就不能发挥出最大的价值。所以，我们应该思考的不是让员工听我们的，而是如何让员工真正地发挥他的能动性。

> 判断一个企业家领导力水平的高低，要看他有一帮忠诚的人员，还是征服了一帮很难忠诚的人才。
>
> ——大圣老师

庸才的典型特点就是很听老板的话，很忠诚。老板要他干啥他就干啥，他没有任何能动性，而老板最后往往会被这群忠心的庸才给累死。一个老板厉不厉害，在于能够征服多少不听你话的人才，能不能让这个人才为你创造价值。人才有自己的想法，有自己的处理方式。如果通过你的管理，这个人才愿意自我驱动地帮你做事，那你的领导力水平就已经很高了。

（2）怎么做才能让人才自我驱动地帮你做事

管理，首先要激发人的自我价值觉醒，再改造人的价值观。企业管理的本质是：激动人心，激活势能。“激”是激励，“动”是发动、驱动人的情绪和意愿。从“要他干”变成“他要干”，这是管理的一个质的飞跃。先让员工自我觉醒，让他觉得自己有价值，公司需要我这种人，所以我要去干这些事。然后再改造他的价值观，也就是教他怎么样干好这件事，如何通过正确的方法和路径干好这件事，用什么手段去干这件事。

激动人心，不是激动能力。因为人的能力是可以培养的，而人的意愿和情绪是很难培养的。企业管理的本质是让员工能够产生一种被激励的状态，能够产生动力。只有人产生了动力，他的势能才能被激活。

（3）怎么做才能“激动人心”

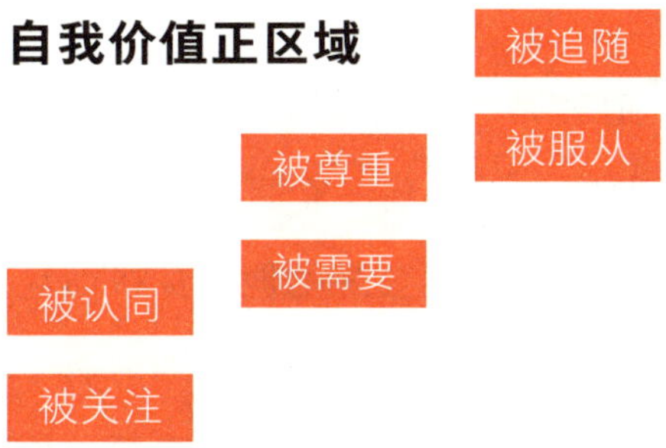

人有六个自我价值。一个人之所以不工作、不努力，是因为他没有找到自己的自我价值在哪里。

最底层的自我价值叫“被关注”。只要你关注他，他就会贡献价值，就会很努力工作。有一句话叫“老板检查什么，员工就做什么”，就是这个道理。员工希望被人关注，他不希望默默无闻地做事情，你不关注他，他就不知道自己能做什么。

第二层自我价值是“被认同”。你要多去肯定员工，他提意见时你表示认同，他说观点时你说他说得对。经常表扬他，员工就会有一种被认同的感觉。被认同，意味着他参与了这件事情，他会觉得这件事情有他的功劳，于是就会做得更加认真。

第三层自我价值是“被需要”。你要让他有一种感觉，“我没有你不行，你特别重要，只有你能完成这个工作”。他觉得自己被需要，自我驱动力就会放大。他会觉得老板需要我，这件事情没有我不行，会有一个自我价值的实现。

第四层自我价值是“被尊重”。给员工一个名头，让他有一种权威感，在整个公司都受到尊重，员工的自我驱动力会更强。一旦受到尊重，他就会更加努力工作，因为他希望获得别人的尊重。人都是往上走的，一个人走得越高，就越难下来。人会尽可能地维护自己的形象。他希望这种形象被别人认可，一旦得到认可之后，他就会拼命维护被尊重的状态。

第五层自我价值就是“被服从”。你发现这个员工能够管住一批人，就让他去带一批人，让他有一个责任感。这批人要为他工作，而他要为这些人创造价值，这就会激励他更加拼命地自我驱动。很多老板也在这个级别，为什么老板们很努力？因为有一群员工服从他，听他的。他听我的，我就要给他贡献价值，我要让他赚钱，让他有美好的生活。

最高级别的自我价值是“被追随”。所谓“被追随”就是他只认你，你说东就是东，你说西就是西。你干什么他都跟随你，不去判断需不需要信服你，需不需要听从你。只要是你干的事，他就觉得值得，直接就跟进。这已经到了一种精神领域，就像史玉柱当时在珠海炒楼花破产，依旧还是有很多员工愿意跟随他。没钱我去借亲戚的钱也要跟着你干。一个人实现自我价值最高的境界是被别人追随，别人都愿意听他的，受他的领导，以他的精神意见为唯一。

那么你在用什么方法来管理你的员工呢？你是给他关注，给他认同，让他发现自己被需要呢？还是让他适当地发现自己有能力、有责任去做好一件事情？或者是让他知道有一帮人服从他，愿意跟着他把这件事做得更好，让他更有管理的欲望呢？能够做到这里，这个管理我觉得已经很到位了。

（4）公司有一种人特别难管，那就是人才，尤其是高手

你会发现每一个人才，他们都有自己的脾气。人才都比较傲娇，都有他们的坏脾气和缺点，人才特别难管。但是人才之所以是人才，就是他无须你管。员工不需要听老板的话，我们需要的是让员工听自己的话。一个员工什么时候开始听自己的话，说明他已经从一个人员变成了人才。当员工发现自己非常有能力，能够独当一面，自我价值被催生出来的时候，他就从一个人才变成一个人物了。

怎么样去让人才自己激发自己呢？

怎么样去让人才自己管理自己呢？

怎么样才能让人才的战斗力变得更强呢？

怎么样才能让人才的战斗力变得更强

价值召唤　强者示弱　捧塑催眠

大家记住这三招：第一招叫价值召唤，第二招叫强者示弱，第三招叫捧塑催眠。

第一，价值召唤。

人才都是比较傲气的，他们不会为了几千块钱的工资而努力。他之所以努力，是看到了公司的发展机会，看到了老板的格局，看到整个行业的前景和方向，他在乎的并不是你的工资。作为一个企业，你想要吸收人才，让一堆人才留在你的公司，你就必须要有一个崇高的目标。如果你的企业仅仅只是为了眼前的苟且，为了一年能做到多少盈利，能分到多少钱，那么你很难吸引到人才。

怎样才能招到人才呢？要创立一个高尚的目标，比如：打造一个家居行业品牌；创造一个新型的产品，改变用户的产品体验；要发展成为一个什么样的企业；等等。只有当企业有了崇高的理想，人才才会跟着你。因为他发现在你的企业工作，他的人生目标突然就变得远大了，人生价值突然间就被提升了。

一个人才只会跟着价值走，跟着目标走。作为老板，你有没有跟员工讲过你的企业目标是什么？如果你的企业目标仅仅想把这个店铺做到盈利，那对不起，你永远招不到人才。你只是关注企业赚不赚钱，赚钱也是你自己赚钱，跟人才有什么关系呢？

你的思想应该是：企业现在不赚钱不重要，我做企业不是为了赚钱，而是为了做一个品牌，是为了做群店并发展到线下，是为了培养很多人才。我做企业是为了上市，是为了让大家每一个人都能利益共享，我做企业是为了让每一个人都能成为合伙人。我有强大的供应链，未来如果有人愿意去创业，我也会给大家支持。只要你在这个公司里跟着我好好干，我会把你培养起来，给你一个平台让你成长。

当你不断给员工传递“高尚”的企业目标的时候，员工干起来就会特别有劲。因为他知道，赚不赚钱对你来说不是最重要的，你最关心的是他们的成长。人才是靠目标吸引来的，这个时候你就能够培养出人才，并且招到人才了。

第二，强者示弱。

和人才沟通的时候，你要学会示弱。也就是要多去请教他们，多去听取他们的意见。不要命令式地和他们沟通，不要强行安排他们的工作。否则他会觉得自己屈才了，没有发挥出自己最大的价值。厉害的老板会经常“示弱”。

例如，你找到公司的美工小王，对他说：“小王，你过来，这段时间我特别苦恼，店铺的业绩总是上不去，大家都说你比较有想法，站在公司的角度看，你觉得是什么方面有问题呢？”

如果你不问，员工会永远把自己的想法埋在心里，甚至对公司根本没有想法。只有当你去问的时候，他才会把对企业发展的看法和见解说出来，会跟你讲他的意见，比如哪里有问题，这里应该怎么改，这个应该这么做。如果公司最后采纳了这个员工的意见，他就会对公司的发展更有参与感。这意味着他对公司投入了一份感情，他会更愿意去做他参与建议的事，他的自我价值就会发挥得更加充分。他觉得老板认可他，老板需要他，他就会跟着你走得更加长远。所以你要把老板的架子放下来，学会示弱，多请教员工。

为什么要强调是“强者”示弱呢？因为人才不需要弱者通道，他需要闯强者通道。一个很弱的老板欣赏他，人才根本不感兴趣。他觉得他比你优秀，你比他弱，你欣赏他很正常。在管理过程中，有的时候要去示弱，但也要展现出老板强势的一面。比如开会的时候，你展现你的实干能力，表现出你强势、有主见、有想法的一面。让员工知道，这个老板比我强，这个老板很厉害；老板懂这么多，还过来询问我的意见，说明老板很尊重我。这个时候，你的“示弱”才会让人才更加受用。

要强者示弱，不断地和员工沟通交流，让他把想法说出来，让他参与企业的建设，人才才会特别愿意在你的公司待着。因为人才追求的是自我价值的实现、成长发展的机会。人才喜欢把自己跟老板等同在一起，人才很多时候把自己当成是另外一个老板或是公司的军师。

第三，捧塑催眠。

所谓捧塑催眠，就是要学会给员工戴高帽子。你会发现当高帽子戴起来的时候，他就很难摘掉了。他就会努力，让自己“配”得起这顶“帽子”。

例如，公司的小王特别勤奋，经常加班加到很晚才回去。如果你在整个公司表扬他，夸奖他，给他戴高帽子，你会发现他工作会更卖力。他不会每次都准时下班，因为你给他造了一个努力勤奋的人设，他很享受这种被表扬的状态。他会给自己戴上“我是一个工作特别努力的人”的标签，并成为标签设定的这种人。

要学会捧员工，给员工戴高帽子，给他塑造一种标签。当他想拥有这种标签的时候，他就会自我催眠：我就是这么一个人；我就是这么受老板重视；我就是这么有想法；我就是这么有才；我就是这么高效率；我就是这么认真；我就是这么努力；等等。这种被“捧”塑造的标签给了他之后，为了维护自己的人设，人才就会发挥他的主观能动性，会更好地创造价值。

> 我们不需要一群听话的劳动力。我们需要能发光发热、自动自发、尽心尽智的一群自我觉醒的人，活人才能活企业。
>
> ——大圣老师

一个企业并不需要听话的员工，让员工自己听自己的，让每个员工各自发挥作用，建言献策，你的企业才会发展得更好。我们要的不是有能力做这件事情的人，而是有想法、有意愿又能自己管住自己的人，让人活了，才能做出活的企业。

3. 希望通过管理解决所有问题，认为管理的目标就是没问题

大多数企业老板都希望通过管理解决所有问题，认为企业管理只要没出现问题，企业的运行就是良好的。

事实上，这是一种非常错误的想法。从企业创立那一天开始，企业永远解决不了、也解决不完所有问题。

企业的问题会一个接着一个，不要妄想通过管理去永久地解决所有问题，那是不可能的。解决完一个问题就会有下一个问题，问题是永远解决不完的。很多老板都想要一个完美的团队，但是你想一想：哪有什么完美的团队呢?

一个人一定有他的缺点，这决定了他做事的时候一定也会有这样的问题或者那样的问题存在。人是不完美的，团队也一定不会那么完美。我们没有办法让团队达到我们理想的状态，也根本不存在完美这件事情，我们也从来不需要完美的团队。

当你想要做到完美的时候，你就会整天纠结企业到底有什么问题没解决。你会很痛苦，一旦企业出现问题你就会很焦虑、很烦恼。其实，我们需要的不是一个完美的团队，我们需要的是有战斗力的团队。我们不需要解决所有的问题，我们应该解决的是企业长大的问题、企业经营的问题；解决能够带来企业价值的问题；解决对企业生死产生至关影响的问题；解决关键问题、能产生成效的问题。

有时候企业的诸多问题里只需要解决一个，其实就可以了。抓住关键问题，其他问题自然会迎刃而解。

> 要解决长大的问题，要解决生死的问题，要解决关键问题、能产生成效的问题。每3个问题只需要解决1个问题，抓住关键问题，有些问题会自动解决，而有些问题本来就不需要解决。
>
> ——大圣老师

有些问题本来就不需要你解决。作为企业老板，你有很多的员工，你不要每件事都去忙。今天批评这个，明天批评那个，你没有那么多的时间和精力。要先把关键问题解决掉，这个问题的解决会带动其他问题的解决。只抓住一个问题，其他问题都不管，只要不影响到企业生死，就不用那么地焦虑。

（1）问题是检测企业漏洞的杀毒软件

企业出现问题有时候是一件好事，每出现一个问题，都在给你敲响警钟。可能企业需要在供应链上加大质量管控；可能企业在推广上需要进行调整；可能企业需要在团队管理上加强协调。你会发现有问题产生，你的企业才会有成长。就像婴幼儿每发一次烧，智力就会更进一步，发育就会更进一步。公司出现问题，不用特别着急，而是要心怀喜悦。每出现一次问题，都会帮你更加完善你的公司。

（2）企业出现问题时是考验员工的绝佳时机

首先，它能帮你考验你的骨干到底能不能解决出现的这种问题。

其次，它能帮你锻炼你的骨干，看他面对问题时能不能应付。最后，它还可以帮你选拔骨干。出现问题的时候，如果有一个员工，他能够很好地解决这个问题，还能够带来比较好的成效，他就可以成为你的骨干。因此，公司里面出现问题正是你考核、锻炼、选拔骨干的最佳时期。

我们要让员工“创造问题—发现问题—解决问题—总结问题”。这个过程，就是形成你企业成长方法论的过程。只有出现无数的问题，你才知道原来培养员工需要这么多流程；你才知道原来打爆款的过程中有这么多的漏洞；你才知道企业的供应链会有这么大的风险。企业出现问题是一件好事，你要开心，终于又找到一个考验员工、锻炼员工、选拔员工的实验题。不要因为问题而消极起来，而要把所有的精力放在如何让员工变得更有战斗力上。

4. 行政管理 > 思想管理，只要结果，不要思想

很多老板认为行政管理大于思想管理，只要结果，不要思想。很多老板都是以结果为导向，更多地重视行政上的结果和制度管理，根本不注重思想上的管理。这是一个很大的误区，因为现在的管理环境已经发生了非常大的改变。

管理环境已经发生变化

70 后	80 后	90 后
人事化管理	人性化管理	人心化管理

对“70后”人事化管理，不用在乎员工有什么情绪，也不存在什么人性化，那时候人们找工作都不容易，都想拿着铁饭碗。人事化管理就是管人、管事，只要管住员工正常的上下班，做好工作安排，基本的管理工作就完成了。那时的管理特别标准化，因此西方的管理模式在针对“70后”时特别管用。

“80后”和“70后”不同，他们的经济基础已经没有那么薄弱，消费水平变高，员工没有必要抓住铁饭碗不放，可选择性更强。这个时候的管理是人性化管理，企业要符合员工的人性需要才能留住人。要给他双休日，要给他五险一金，要给他更多的福利，等等。到目前为止，大部分企业的管理还是停留在这个阶段，叫做人性化管理。

“90后”是一个非常特殊的群体，他们是由父母及祖辈包围起来、众星捧月般长大的。很多“90后”的员工都特别地自我，团队协作能力比较差。马云也说，整个阿里巴巴“90后”的协作能力是令人沮丧的。你训斥他一两句，他大不了就不干了，“90后”不差你的那点工资。这个群体对财富特别有安全感，大部分情况下他们不缺钱，财务上非常舒适。由于“70后”是中国房地产的主要消费群体，父母大多都买了房子。“90后”既不需要钱，也不需要房，他随时可以辞职。脾气很大，无欲无求，叫佛系“90后”。所以，针对“90后”，人性化管理模式已经不适用了，管理慢慢地走向了另外一个阶段，叫人心化管理。

（1）什么叫人心化管理

以前我们采取命令式的方式让员工去做一件事情，而对于“90后”，沟通方法应该是协作式的。我们要更加关注他们的内心世界，先让他们情绪好，他们才能做好工作。如果一个公司里面的员工都死气沉沉，那么这个公司一定做不好。只有整个公司状态非常好，员工都非常开心，员工的战斗力才会变得非常强。尤其是“90后”，他们特别喜欢宽松开心的环境。

你要去尝试一种新的管理策略，叫人心化管理，而人心化管理最重要的一点就是政委体制。

> 中国共产党的管理方式最值得企业学习，尤其是健全的政委体制，华为、阿里、腾讯都是这一体制的积极实践者。企业最大的政委就是老板本人。
>
> ——大圣老师

政委体制非常强大，团级以上部队设政治委员，营级部队设政治教导员，连级部队设政治指导员，他们不仅要做思想政治工作，还要会打仗。

思想工作远远大于行政工作，先把思想工作做好了，你会发现行政工作很容易开展。思想统一，公司就会从团伙变成一个真正的团队。整个企业最大的政委就是老板本人，只有把政委体制建立起来，你才能把团队从思想上给管理好。在我们公司，每个层级都有专门的政委。老板是高管的政委，高管是中层的政委，中层是基层的政委。政委就是做人心工作，做思想工作。

（2）什么样的人能担任政委，能把团队给带好

三力的区别界定

领导力	管理力	执行力
领导氛围	借力而为	连续行动

一个人要具备三种能力，才能把团队给带好。

第一个叫领导力，就是能领导氛围、制造氛围，能让整个公司的人活跃起来。员工很认他，很愿意跟着他。他说什么话，大家都认同，觉得他特别有人格魅力，他是造氛围的。

第二个是管理力，领导力是做思想上的工作，而管理力就是借力而为。很多人做了许多年管理，都没有把这个理解清楚，不知道管理是在借用别人的能力去做工作，一直在自己埋头苦干。

第三个是执行力，也叫连续行动力，就是能够让这个员工连续性地行动起来，并且产生结果；就是能让员工从一开始的计划，到中间的流程，到最后的结果都完成得非常好，这才是执行力。

领导力是让员工的心跟你在一起，管理力是让员工的人跟你在一起，执行力是让员工的行动跟你在一起，这是三个力最大的区别。不是说领导就必须要有领导力，有些领导他就是没有。而有的员工可能会有领导力，因为他能影响别人，会造氛围，在一个小小的团队里面有影响力。

这是三种能力而不是三种人，每一个人身上都有，包括员工也有。有些老板的执行力很强，有些老板的管理力很强，有些老板的领导力很强，每个人都是不一样的。我们最常提到的马云，他就属于领导力很强，但是管理力比较弱的类型。

目前管理最缺失的，就是领导力。管理力几乎人人都可以做，制定规章制度，让你的员工去干一件事情，可以让人跟你在一起。但是我们最缺的是什么？最缺的就是员工的心跟我们在一起，我们没有办法管员工的心。

“90后”的时代，是走向人心化管理的时代。你要知道“90后”在想什么，他喜欢什么，他爱什么，他最大的优势是什么。他会为了什么事而不要一分钱地拼命干活？他又会为了什么而放弃这家公司去跳槽？他会为什么事情而委屈自己，又会为什么事情去努力？这些才是最重要的。因此，政委的工作非常有价值。

例如，一位“90 后”员工家里特别有钱，岗位也做到了客户主管。随便一双鞋都是三四千元，消费水平特别高，财富上特别满足，但其实他也有可以激发的点。他的老板发现这个员工对车特别感兴趣，于是他就带着这个员工出去跟他看车，看好车。在看车的过程中，老板看到员工流露出很向往、很欣赏的表情，说明这个员工还是对更加优秀的生活品质有所追求的。

通过聊天进一步了解员工的内心之后，老板发现这个员工还有欲望，他的欲望就是让自己过得和别人不一样。现在他衣食无忧，过得和别人确实不一样，但他所有的不一样来自哪里？——来自他的父母，而不是他自己。

于是老板就跟这个员工进行了一次谈话：其实像你这样，要资源有资源，要钱有钱，一表人才，手上天生就握了一把好牌。为什么还有这么多人比你优秀呢？你握了一把好牌却打得这么烂，你要怎么来证明自己的能力呢？

首先把员工依靠父母的思想给摧毁掉，然后重塑他的价值观，告诉他，其实你完全可以靠自己独立，得到你父母的肯定，你是很优秀的。这样员工就找到了自己的动力——我要成为一个独立的人。

（3）政委的价值是什么

政委的价值是什么

提升员工格局　　发掘工作价值

政委的价值有两点：一是提升员工的格局，二是发掘其工作的价值。

为什么首先要提升员工的格局呢？

员工之所以依赖父母，是因为没有格局；之所以受不了委屈，是因为没有格局；之所以不愿意加班，是因为没有格局；之所以不爱学习，是因为没有格局。你只要提升了员工的格局，许多管理问题就会迎刃而解。他会变得有担当，有更高的眼界和想法，会发现自己有更高的目标和追求。

然后要发掘员工工作的价值，让他发现，自己做这份工作真正的意义是什么。

（4）如何做好政委工作

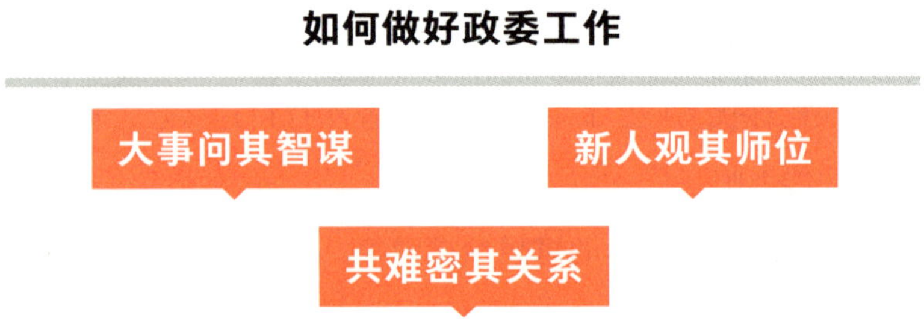

做好下面这三件事，你的政委工作就完成得差不多了。

第一，大事问其智谋。

有人问：怎样提高一个员工的格局呢？——大事问其智谋，这样会很快把员工的格局给提高。

凡事多去请教员工，比如说公司层面、上级层面的问题，多拿去问员工的意见。员工会马上站在更高的格局来观察问题。当他代入领导的角色，他会开始理解你的不容易，理解上司的不容易，理解自己的工作远远没有达到你的标准。

你可以问一个员工：这段时间公司一直都处在不盈利的状态，我觉得你特别有能力，你觉得应该怎么去调整？我觉得你比较有想法，能不能讲讲你是怎么看待这家公司的？你觉得我们公司怎么做才能让大家都赚到钱呢？

当你用这些问题去和员工沟通的时候，他马上会把自己提到一个更高的格局。他会把自己假设为这家企业的企业主，在他不断地假设成企业主的过程中，他会进入自我催眠。他的想法认知就不是思考自己，他思考的是整个公司该怎么做。当他在思考整个公司应该怎么做的时候，他的格局就提升了。一个人的格局不断地被你提升之后，你会发现他的很多委屈和抱怨都会慢慢消散淡化。因为他会开始理解你，知道了你的不容易。

比如你有一个员工小李，工作常常懈怠。公司已经对他付出了很多，给他较高的薪水，也送他去培训学习，也给他提供了很多的机会，他就是不努力。但是你还是不想放弃他，有什么方法能够让小李变得动力十足呢？

你可以去问他：小李，假如你是领导，你觉得员工会更喜欢一个什么样的工作？你觉得怎么做才能激励员工更有动力呢？

这时他会站在老板的角度来帮你解决问题，并且把自己希望有一个什么样的工作状态，希望自己被怎样管理，通通跟你讲。知己知彼之后你再去管理他，他就不会有任何对抗和负面情绪。总之就一句话，大事问其智谋，就可以提高员工的格局。

第二，新人观其师位。

你要找一个人让你的员工带，让他成为师父，进行传帮带。比如一个新手客服进入你的公司，把他交给你的员工带。

建立这样一个传帮带之后，你要看员工是怎么当老师的。在他当老师的过程中，他会跟你做更多的交流。你无缘无故想跟一个人谈心，别人是不会跟你谈的。你找别人聊天、做思想工作，问他：家里如何？有什么想法？他都不会跟你讲实话。反而会觉得你是代表组织来问他的，你代表老板的，不是跟他一派的，他不会跟你讲那么多。

你给他徒弟带，在过程中出现问题了，你再去问他：这个人怎么样？好不好带？他就会对你吐苦水，这个过程其实就是他在跟你交心的过程。在交心的过程中，你会发现他的问题，你会知道他的想法是什么，他的思维是什么，他的价值观是什么，他跟别人相处的方式是什么。你就可以很明白他，接下来你应该给他做一些指导，他会觉得你给他带来一些成长的收获。

第三，共难密其关系。

什么是共难？难，就是困难的意思。当员工发现做一些事情很难，比如当他带一个人很难的时候，你跟他一起带，共同解决困难。一起去带一个员工，一起去干成一件事情，一起去解决一个难题，当你们共同经历过之后，你会发现这叫共患难。你们的感情会加深，你们的关系会变得很紧密，你对他的了解会更加深刻。他也在你身上做了感情投资，你们的关系就不一样了。

比如你的美工作图总是达不到你的要求，你就可以跟他一起，共同去带一个新手美工。你跟他一起来成长，一起总结方法论。在这个过程当中你跟他并肩作战，你就会变得特别了解他。当你和员工的关系很好的时候，其实他就不好意思跟你说辞职了。他会觉得拉不下脸，人都是有人情债的。所以说“人情在”就是“人情债”，我们要在员工身上积累人情，给我们发挥政委的作用做铺垫。

政委体制是管理“90后”的一个非常重要的方法。我们公司也有政委，经常去采访员工，问他：你最喜欢的明星是谁？你的梦想是什么？有的员工说我要听一场偶像的演唱会，我要买最好的票。如果你发现他有这个愿望，可以和他打个赌：如果你的工作能做成什么结果，公司就给你买最好的演唱会门票。这对员工就是一个很好的激励，因为你足够了解他内心的需求。

当你了解他的秘密越多，他了解你的秘密也就越多，你们两个共同深入的了解越多，这个人离开的概率就越小。所以我们要扩大和员工之间的交流，扩大和员工之间的认知程度。了解思想工作的重要性，把政委工作做到家，很多管理就不会走入误区。

5. 平等地对待员工，岗位之间没有落差

许多老板都觉得要平等地对待员工，让岗位之间没有落差，要做到公平。这也是很多人最大的一个误区——认为对员工应该平等。其实这些都是错的，因为不平等是最佳的机制。

（1）不平等是最佳机制

不平等是最佳机制

- 让一部分人先富起来是中国经济改革开放的巨大动能
- 向奋斗者倾斜，不让雷锋吃亏是华为的巨大动能
- 大力扶持顶层TOP商家是淘宝刺激商家前仆后继的巨大动能

为什么改革开放能成功？正因为“让一部分人先富起来”。一部

分人先富起来，另外一部分人就会眼红。有不平衡才会产生竞争，才会产生动力。

华为为什么能取得实力相当于阿里加腾讯加百度的行业价值？正是因为华为执行了一个机制——“向奋斗者倾斜，不让雷锋吃亏”。华为把所有的绩效和奖金、所有的荣誉，全部给了工作表现最突出的员工。其他人的奖金、荣誉是没有办法跟他对等的。但是越不平等，华为的员工们就越愿意去努力争取这个荣誉和奖金。华为一直在倡导：不管在什么岗位都可以获得巨额回报，你只要是一个奋斗者，只要你是华为的“雷锋”。

马云为什么能够把淘宝和天猫做起来？也是因为不平等机制。淘宝非常重要的一个机制就是先扶持了一批 TOP 级的商家，在每个类目都打上一个行业标杆。你们不喜欢做电商，我就让这几个卖家成为你的行业标杆，让大家觉得做电商特别牛。而这些标杆都有一个共同特点，就是没有做过任何线下，没有任何供应链。这些基础薄弱的商家反而能成为行业标杆，一年销售额几个亿，更激励了人们都来做电商。

比如韩都衣舍，以前没有做过线下，没有供应链，却变成一个大的卖家。林氏木业最开始的时候也是完全做线上家具的，其成功的经历也刺激了许多做家具的商家。

扶持这些没有任何背景的企业，才会让别人觉得淘宝是很有实力的平台，才能刺激商家前赴后继地入驻淘宝。

（2）公司的工资一定要拉开差距

曾经有一个老板问我：老师，我们公司的员工特别没有动力，根本没有战斗力，要怎么改变呢？

我问：你的团队有多少人？

他说：我们公司有二十几个人。

我又问：那你们公司人员最多的部门是哪个？

他说：是客服部，我们客服部有七八个人。

我又问：你们客服部工资水平大概是多少？

他说：都是4000元底薪加提成。

我继续问：那最好的客服和最差的客服的工资差多少？

他说：差不了多少，最好的客服一个月六千多，差一点的客服一个月也有五千多。

我说：这就是你的公司没有动力的原因，你的岗位工资没拉开。你要让最厉害的客服和最差的客服工资相差两倍以上。比如说最弱的客服一个月拿五千，你让最厉害的客服拿1万。这样整个部门，每个人都想成为那个最厉害的客服，每个月拿最高的工资。

> 瀑布落差越大越壮观，水不流动就是死水。死绩效导致死氛围，死工资导致死岗位，死机制导致死团队。不平等才能涌现出众者，不公平才能发展自己人，不公平才能看出胸怀。
>
> ——大圣老师

（3）为什么一定要把工资拉开

不平等，才能涌现出众者；不公平，才能看出胸怀。你会发现企业的很多政策都是不公平的。那些在不公平的机制下，拿到最高成果的员工，他就是出众者。不公平，才能真正选拔出骨干，才可以考察一个人的胸怀，所以一定要把工资拉开。

作为老板，在管理员工的时候一定要设置特权员工，让最突出、最优秀的员工享有特权，关于这点在后面的绩效篇会具体讲到。想让你的员工变得非常有战斗力，就一定不能让员工人人平等。

6. 认为薪水低能招到人是件自豪的事

有些老板以低薪招到员工而感到自豪。如果你是抱有这种想法的老板，那我觉得你的格局太低了。

如果你只是用正常的薪水，甚至低于行业水平的薪水招到一个员工，那么这个员工也会觉得这个薪水是他应得的。既然是应得的，为什么还要这么辛苦？还要付出这么多努力？还要花费那么多心思？何必呢？

（1）高薪不一定能留住人才，但是低薪一定不能留住人才

如果你的思维是“干多少活给多少钱”，那么你的员工也是这么想的——“你给多少钱我就干多少活”。这时候你和员工就处于一个对立的状态。因为你先站在对立面来思考你的员工，所以你的员工自然也站到你的对立面去了。而当你思考如何为员工创造价值时，你可能眼前吃了一点亏，但却给了他一个很重要的情绪传达：我很重视你，我很欣赏你，我愿意和你成为很好的合作伙伴。那么这个员工愿意为你贡献的价值就完全不一样了。

正所谓“重赏之下，必有勇夫”，华为的高工资制度是华为的第一推动力，即“人高我高，人低我亦高”。华为的薪水很高，基本高出整个行业工资的平均值。

发高薪的行为告诉员工：因为我们公司要招的是人才，我们希望每个员工都能拿到超额的薪水。你刚进公司就给你发这么高的薪水，你能够做到公司的预期就可以拿更高的薪水，以此来激励员工更加努力。所以华为所有的员工都很有战斗力，都喜欢加班，没有任何的怨言，就是因为华为的工资比同行高。

你发高工资的目的是要告诉员工：我要让你成为一个人才。公司给你发的是一个人才的工资，而不是一个人员的工资，公司会给你机会和平台，让每个员工都得到成长。

（2）为什么建议采用高于行业基准的高薪机制

第一，它很符合人性，你先对员工好，员工一般也会对你好。而你不对员工好，与员工对立，他肯定不会对你好。你先对他好，后面他会对你更好，甚至，他会对你百倍的好，这叫“滴水之恩涌泉相报”。如果你坚持干多少活给多少钱，员工会产生负面情绪，你让他多干一份活，他就会一直记得，觉得公司亏欠他。

要先学会付出，作为老板要比员工的格局高一点。员工是来赚工资的，你的格局要比他高，不能跟他计较，他心里可能有“你给我多少钱我干多少活”的想法，但是你不能存有“他干多少活就给他多少钱”的想法。

第二，高工资会让你的员工更加耐磨耐用，抗压能力更强。员工觉得你给的工资高，心理就会产生对比。每个人都有对比心理，比如他出去跟朋友见面，周围的朋友都月薪过万，而他一个月才拿六千，他肯定会不开心。他可能会羡慕朋友的工资待遇那么高，甚至想跳槽去朋友的公司上班。所以，给员工高薪，在外面员工就是你很好的广告宣传牌，是一个很好的人力资源通道。他会很有自豪感，会把旁边的朋友号召到你的公司来。

最重要的是，你的员工抗压能力会变得更强。为什么在高薪制度下，即使你训斥员工他也不会轻易地走呢？因为他发现走了之后，很难再找到这么高工资的工作了。所以他只能更勤奋地去加班，他的抗压能力会变得很强。因为你的高薪，给了他更高的工资需求。在利益驱动下，你雇了一个人其实等于雇了一个半人，因为员工的战斗力更强了。

第三，高薪能够减少敌对。员工会通过高薪这个行为，意识到公司其实是在为他们的幸福而努力的，认为老板不是纯粹只为了赚钱的“周扒皮”。管理企业的时候，要让员工感受到你真的是为他好，他才会真正解除跟公司的对立。

（3）什么样的公司状态才是最好的

招三个人，发四个人的工资，干五个人的活，是一个企业最佳的用人状态。

虽然就招了三个人，但是发的薪资比同行业都高，甚至相当于行业四个人的工资。员工拿到高薪很开心，这时你让他们干五个人的活，他们就很愿意干，因为工资足够高。你再给他戴个高帽子，定一个目标，比如说：你就是人才的标准；我们的员工未来都是人才，都是合伙人。他就会拼命干，会干出五个人甚至六个人的活。

7. 经常批评员工、嫌弃员工、代替员工

很多老板经常犯一个错误，就是经常批评员工、嫌弃员工，甚至去代替员工。

很多老板会认为员工不行，有很多缺点。执行力不行，效率不行，能力不行，态度不行，各方面都不行。于是经常去批评员工，员工做得不好就很嫌弃，甚至着急上火去代替员工做事。“看我来给你做，我能给你做成什么样。”明明是一个老板，却把自己变成一个救火队员下场救火，这是非常大的一个误区。

> 我们不需要完美的团队，我们只需要有战斗力的团队。我们雇佣的不是他的缺点，雇佣的是他的价值。
>
> ——大圣老师

从领导学的角度看，领导分为两种：一种是非正向领导，另一种是正向领导。非正向领导，就是通过批评去激励员工。正向领导，就是关注事物的正面，去使用它的价值，使用它的优点，而不是关注负面的东西。作为老板，要找到员工的价值点，去发掘他的价值，然后让他激发自己的自我觉醒。这种正向领导的方式也是最适合“90 后”的。

中国有位特别有名的校长叫陶行知，他做了一个叫“知行合一”的实践。有一天他在学校里面走着，突然看到一个高年级的男孩在打一个低年级的男孩。他过去制止，对高年级的男孩说：“一会儿你去我办公室等我。”陶校长和低年级男孩聊了一下，然后才回到办公室。到办公室的时候，高年级男孩已经站了将近有二三十分钟了。

陶校长过去之后说：过来，首先奖励你一颗糖。

男孩特别奇怪：为什么奖励我一颗糖？

陶校长说：因为你尊重师长，我说让你过来办公室你就过来办公室，并且在这里等了我20多分钟。说明你很尊重师长，这是我奖励你这颗糖的原因。

男孩一下子就惊呆了，校长居然不责骂我，还可以有糖吃。

校长又问：今天为什么打那个小男孩？

男孩说：因为他欺负女同学，我上去制止了，在过程中发生了冲突，就打了他。

听完校长又掏出第二颗糖说：这是奖励你的第二颗糖。虽然你打了人，但确实是他有错在先，欺负女同学。见义不为非勇者，你见义勇为，应该得到表扬和奖励。

接下来校长又问：如果你再遇到今天这种情况，有没有不通过打架来解决问题的方法呢？

男孩说：有，我可以劝他，我可以给他讲道理，完全没有动手的必要。其实就是我那时候太冲动了！

这个时候校长拿出第三颗糖说：这是奖励你的第三颗糖，说明你今天又成长了。你明白了其实有很多种方法可以解决问题，并不一定要通过暴力。你能意识到自己的问题，知错能改善莫大焉，所以奖励你第三颗糖。

大家想想，如果是你或者你的孩子，在学校里能够有幸遇到这样一位校长，有这样一个经历，你是不是会一辈子记住这个场景。这种教育方式完完全全给你不同的体验，和教训、惩罚都不一样，员工也需要这样的正向领导。

管理员工的方法

弱的	强的
聚焦式共同成长，归功于他	深刻化自我批评，归过于己

（1）针对能力比较弱的员工，怎么管理

针对能力比较弱的员工，你要采用的管理方法叫：聚焦式的共同成长，也就是所谓的正向激励。

例如，一个员工做了很多事，但就是做不好。作为一个公司老板，你不要什么事都管，不要什么事都急着去代替。只要不是决定性的事情，不是关键事情，你就不用去管它。给员工一个成长的机会，让他自己做总结。最后抓住这个员工在工作中一个重复出现的问题，重点解决。

比如在打爆款时，你发现负责运营的员工在选品上一直出现问题，这时你要跟员工一起成长。你要问：为什么我们选品会出现问题？怎样选品才能不出现问题？

你要和员工不断地探讨到底怎么选品，怎么把普通产品变成一个爆款。然后聚焦式地解决一个问题，两个人共同经历，共同成长。把这个问题解决完之后，要把功劳归功于他，表扬他，肯定他做事情的方法、态度以及努力。

这时你的员工就会变得特别忠诚，因为他知道这个功劳不是他一个人的，但你却把一切归功于他，不跟他抢功。更重要的是你肯定他的自我价值，他觉得自己受到了重视。这就是我们前面提到的捧塑催眠，你不断地捧他，塑造他，他就会变成你想要的人。

（2）针对能力比较强的员工，怎么管理

强者本来能力就很强，表扬多了他容易“翘尾巴”。一个能力强的员工经过你的表扬，他容易变得很自我，觉得自己很了不起。这时候你要采用的管理方法叫：深刻化的自我批评，归过于己。

作为老板，你要带头学会自我批评。你要把自我批评的文化植入企业里。要定期开一次反思会，老板带头做深刻的自我批评，反思这阶段哪里做得不好。注意一定要深刻，因为越深刻，就越会有真实性、更有说服力，你下面的高管就会很深刻。高管深刻，下面的员工就会更深刻。老板带头把问题的过错归于自己，员工自然也会把过错归于自己。反之，老板总是把问题的过错归于别人，那么员工自然也会把过错归于别人。

（3）为什么一定要做自我批评

人有的时候很自我，自我评估很高。曾经有人做过这么一个情景实验，让一群人在一起一箱一箱地喝啤酒。喝完之后，问这些人觉得自己一共喝了多少？有人说我喝了 10 瓶，有人说我喝了 20 瓶，有人说我喝了 15 瓶，等等。都觉得自己很能喝，喝很多。按他们自己报的瓶数统计，一共喝了有五箱这么多。而实际上他们喝的瓶数加起来，总共才三箱。

我们倡导的是自我批评，但不提倡相互批评，因为批评的尺度很难把握，一旦过激就会导致矛盾的产生。一不小心反思会就变成攻击会。相互批评不利于公司的发展，我们更强调的是做自我批评。

在做自我批评时，每个人都不会对自己下狠手。所以老板要带头对自己下狠手，员工才会对自己下狠手。老板批评得深刻，员工才会

批评得深刻。

任正非说过：凡是不能做自我批评的干部，原则上就不能提拔，群众对他没意见的干部，就要重点审查。

群众怎么可能会没意见呢？背后肯定有问题，需要重点审查。而群众有意见，或者有很大意见的干部，要分门别类地进行识别和处理。到底是真的意见大，还是假的意见大；是不是管得太多导致底下的怨言多了。如果不是品德上的问题，那这样的干部是可以培养的，说明他不怕得罪人，愿意干事情，我们要给他机会。因此，没有自我批评能力的干部不能当干部。

能自我批评证明一个人的自我认知边界在变大，知道自己哪里做得不好，才可以走向更高的格局。你要向你的员工传达一种理念，就是敢于自我批评证明你成长了，认知边界在扩大。如果一个人发现不了自己哪有问题，说明他成长不了，也不适合当干部。自我批评越深刻，成长速度越快，越适合当干部。因为他敢担当，把责任感给培养起来了。

很多老板会嫌弃员工、批评员工，但是员工走了之后，心里又气得慌。你觉得花了那么多心血培养他，他却离开公司了。这种思想不对，我们应该喜悦其成长，谋划其未来，欣赏其缺点。你要想着：我的员工该怎么成长，我该怎么规划好他，我怎么支持他创业，怎么支持他做项目，怎么支持他赚钱，这样你的员工自然不会离开你。

要善于发现缺点的反面。一个员工脾气暴躁，说明他的效率很高；一个员工特别善讲却不善做，说明他的想法很多。如果你是真的为员工好，你就不会又苦又累又气。

8. 小企业学习大公司的管理

大家都知道，小企业和大企业的管理是不一样的。小企业在初创时期，要以经营为导向，管理的重点就是经营。而大企业的管理重点可能是标准化，可能是规范化，又或是别的。企业是不一样的，我们不能把别的企业的管理模板拿过来套用。

就像一个大卖家补单不容易被抓到，一个新店补单就容易被抓到，流量掩护的量级是不一样的，阶段不一样，结局也就必然不一样。又比如，小二压力很大的店铺和小二压力没那么大的店铺，抓刷单的严格程度也不一样。所以我们做企业一定要明白这个道理：不同阶段的管理重点不一样，我们要找到自己最适合的管理方法。

我把电商的管理重点按照六个阶段分成六种，如表 1–1。

表 1–1 电商不同阶段的管理重点

发展阶段	1.0 阶段商家	2.0 阶段商家	3.0 阶段商家	4.0 阶段商家	5.0 阶段商家	6.0 阶段商家
经营特点	单品突围	品类突围	一盘货 多店铺	一盘货 多平台 多店铺	多盘货 多店铺 多平台	多盘货 多店铺 多平台 多公司
管理重点	产品管理 首图管理	推广精细度 岗位标准化 库存减值率	团队人才复制 店群模式探索	企业制度完善 供应链优化 社群客户管理	企业成本管理 企业效率管理 企业人才管理 企业品牌管理 合伙人计划	企业财税管理 企业风险管控 企业认知管理 合伙人机制

（1）1.0 阶段的管理重点

这个时候你一个爆款都没有，你重点需要单品突围，你的管理重点就是产品管理。一方面你要关注如何选品，什么产品能做成爆款，把重点放在选品上。另一方面，做选品就是做高点击，要让产品实现高点击就要做好首图管理。拥有高点击才能有高流量，要先解决流量问题。而流量不是花钱就能解决的事情，离不开好产品和高点击。在这个阶段，管理的重点要集中在这里：一是选择好产品，二是做好首图管理。

（2）2.0 阶段的管理重点

你在某个品类打出一个爆款之后，就要思考怎么打关联爆款，怎么打成爆款群。在你慢慢实现品类突围的过程中，你的推广会更加精细化。你的广告会加多，你的投放量也会增加，增加之后，竞争水平会变得更高。由于精细化运营成本很高，所以岗位要标准化，库存要控制住。

（3）3.0 阶段的管理重点

在这个阶段，多店铺运作同一盘货，这个时候你管理的重点是突出团队。店铺的增多意味着要扩充你的团队，怎么把这个团队战斗力很强的人才复制到另一个团队。怎么运营好每一家店铺，摸索方法论，让店群的模式变得更好。

（4）4.0 阶段的管理重点

在这个阶段，可以一盘货在几个不同的平台开好多个店铺。你在京东开店了，在天猫也开店了，这时候是多平台运作的。这个阶段企业的制度要更加完善，要加强供应链的优化。你要管理各个平台的客户，社群客户的管理也非常重要。

（5）5.0 阶段的管理重点

在这个阶段，你的货变多了，店铺变多了，平台变多了，团队复制也已经完成，你需要思考的问题就更多了。如何让成本节约，如何让效率提升，如何进行人才管理，如何进行品牌管理以及如何实行合伙人计划。这个阶段的企业处于非常高的级别，已经成规模了，是一个小集团公司了。

（6）6.0 阶段的管理重点

这个级别的电商企业年销售额至少过亿，甚至达到两三个亿。这个级别的企业需要加强财税管理和风险管控，加强企业的认知管理以及完善合伙人机制。作为老板，也要不断地提升自我认知的水平，跟上企业的发展节奏。

因此，企业在不同的阶段有不同的管理需求，我们不能照搬大企业的管理模式，要找到自己适合的。小公司照搬大企业的管理模式是极其错误的思想。

9. 管理一定要完全正规化、系统化

很多老板认为管理一定要完全的正规化、系统化，这个观念也是极其错误的。因为所有的规范化、系统化的管理，都指向效率降低，组织僵化，陷入所知障碍。

> 所有的规范化、系统化管理都指向效率降低，组织僵化，陷入所知障碍。管理的目的不是正规化、标准化，而是有效。我们不需要有道理的方法，而是要适合的、有效果的方法。能激发、激励、激活的管理，再粗放都是最好的管理。
>
> ——大圣老师

（1）什么叫所知障碍

比如说，你第一年所有的爆款都是用淘客打起来的，你会觉得淘客特别好使。结果到第二年，突然间淘客不好使了，你可能就陷进一直使用淘客的惯性思维中，出不来了。怎么淘客不好使了？为什么不好使了？你会发现你的思维被困住，会被以前的经验所束缚。

而管理也是一样的道理。管理做得越系统、越规范，越会束缚住员工的思维，员工的能动性就会越差。阿米巴经营模式、小组制管理模式，也是利用这一原理。把企业做得越没有那么系统化，越不那么规范化，越能够有战斗力。

（2）我们管理的目的是什么

我们之前讲企业管理的目的是保障经营增长，并不是为了管理而管理。管理是为了有效，我们不需要那么多的行为准则，不需要那么多的条条框框。这方面有没有道理我们不管，我们需要的是适合，我们需要的是有效果。

能够激发、激励、激活的管理模式，再粗放它都是好的。因为激发人的意愿，激励人的情绪，激活企业的势能，才是管理要达到的效果。

大家思考一下，你是不是一定要做到管理规范化，是不是一板一眼。你的管理能不能激发人的意愿，能不能激励人的情绪，能不能激活企业的势能？

10. 管理是一种职责、一门艺术

有人说管理是一门艺术，学了再多课程也不一定能学会。也有人说管理是一种职责，干起来很累。其实这都不对。

> 管理只是披上事业象的生活。我们通过一场管理，并非为了累积多少利润，因为最后谁都逃不过规律和趋势。经营企业最大的价值，是沉淀下一群生命中有温度的人，和这一群人做了一点有意义有价值的事情。
>
> ——大圣老师

管理没有那么神秘，它只是披上事业象的生活。其实管理跟生活一样，你会发现所有管理的难题，其实都可以用生活化的态度解决。比如，你对待员工，能不能像对待孩子一样耐心；管理员工，能不能像对待爱人一样包容。

每个企业都有生存周期，这是规律和趋势。每一个企业都有生老病死，总会有企业来替代它，总会有新兴的企业出现。每一个时代都需要留机会给下一代的年轻人，谁都逃不过这个规律和趋势。

我们经营企业最大的价值就是成就一群生命中有温度的人。这些人跟你一起共事，记住了你，跟随着你，你们一起创造一个很美好的事业。你和这一群人做了一点点有意义的事情，有价值的事情，人生就是圆满的。

所以管理者不要把自己搞得很累，不要只把它当成你的职责。管理，就是与人相处。就像和爱人相处、和孩子相处一样，只要你抱有宽宏的爱心，你就可以把管理做好。没有私心，就是最大的私心。你特别为他人着想，特别为员工去奋斗，你的员工也会投桃报李，无私便是最有私。

仔细想一想：我们那么用心地做企业到底是为了什么？难道就是为了给自己气受吗？难道就是为了这点钱吗？我们做企业的目的是让我们的生活更有品质。你在一个行业里面创造了一个什么品牌，让多少员工成为老板，有多少人特别感激你，这些是真正的个人价值实现。等到你退休的时候，你会发现你收获的根本不是钱，而是浓浓的感情沉淀。

THOUGHT ARTICLE

三、电商管理和传统企业管理的区别

1. 电商管理和传统企业管理的区别

表 1–2 电商管理和传统企业管理的区别

考察点	传统管理	电商管理
管理	经验感知管理	数据化可视管理
绩效	常态化绩效	短频快绩效
领导力	职位领导力	意志领导力
组织结构	集权管理组织	扁平交互组织

在管理上，传统企业的管理是经验感知管理。也就是说，靠你的经验和自我感知去做管理。而电商企业不一样，电商里面所有的经验、实践都可以数据化，能够实现数据化可视管理。比如，主图做得好不好，你看它的点击率就知道了；爆款做得好不好，你看它的流量趋势就知道了。

在绩效上，传统管理是常态化绩效。它不能经常改变，否则员工适应不了。而电商管理不一样，它的节奏比较快，可以采用“短频快”的绩效管理。我们可以专门做爆款小组的绩效，可以专门拿主图来做绩效，甚至可以做单一的项目绩效，非常灵活。

在领导力上，传统管理讲的是职位领导力，管理者听老板的，员工听管理者的，等级分明。而电商管理不一样，讲的是意志领导力。由于“90后”这一群体需要更多正向的领导，管理者要关注员工的内心世界。这就需要意志领导力，要让员工认同你的想法、认同你的意志。

在组织结构上，传统管理叫集权化的管理，而电商管理是扁平化管理。电商企业的部门比较扁平化，传统企业可能100多人才在全国开了一家店，而电商企业可能几十个人就能够在全国开几家店。电商是扁平化的交互组织，美工可以做运营，运营也可以做美工，部门之间可以相互转岗。电商行业里面，部门之间轮岗是经常存在的一件事情，它的组织结构和传统企业不一样。

2. 电商最适合游戏式管理

电商最适合游戏式管理

能够数值化——可对比衡量
能够模块化——可聚焦突破
能够项目化——可临时组队
能够单一化——可单点绩效
能够立时化——可及时反馈

电商最适合游戏的管理模式。电商管理能够数值化，这就像游戏里面，你要通过积攒积分或者金币才能够升级，才能够买装备。打死一只小怪要给多少分，这些都是可以数值化的。数值化意味着可视化，可以对比衡量。比如做主图，同行的点击率是 2%，而你如果能够做到 4%，就奖励多少积分，多少积分就能兑换某个奖励。

电商管理能够模块化，它可以分成很多个独立模块，每一个模块都是可以聚焦突破的。比如你可以只抓客服能力这一模块，不断聚焦突破，最终形成方法论。这就像游戏里有不同的职业，不同职业就有不同的攻略，只要你不断聚焦练习，你就能把这个职业学会。

电商管理能够项目化，做每个项目时可以临时组队。比如公司要打个爆款，可以抽调公司最好的美工、最好的运营组成一个战队，专门来做爆款这个项目。这个临时组织可以做临时绩效，就像游戏里面会组队打本通关那样，通关之后就能够获得大量的奖励。

电商管理还有单一化的特点，可以做单点绩效。我们可以在某一个单点上做一个绩效，比如直通车，在同等条件下做150万的销售额，如果能够在直通车上节省 10% 的成本，那省下的钱可以全部作为员工的奖金。但是线下的传统企业就很难做到这种管理，它的模块太复杂了。举个例子，比如服装上新，传统企业需要上很多产品，但前提是设计部要先设计出来，工厂要先把产品做出来。而电商不同，它的所有模块都很单一，可以有很强的灵活性。

电商管理能够立时化，即立刻得到及时的反馈。你要去做这个产品，通过测评立马就可以看到这个产品行不行，表现好不好，爆款能不能打起来。

随着“90 后”员工的增多，将公司的管理机制设计成游戏式管理会更有效。比如游戏“绝地求生”，只有最后一个人才可以吃到鸡，其他人都不行。这就是不公平机制，最厉害的人才能享有最后的荣誉。一个游戏其实有很多机制在里面，你也可以研究“王者荣耀”，它的团队分工是怎么设定的，是怎么做积分的，怎么做单点绩效的。

电商非常适合游戏式的管理机制，这一点在绩效篇的时候会更深入讲解。总之，要让团队管理像打游戏那样好玩，让整个团队都动起来。

小结

第一，反思自己的企业管理是否指向经营导向，能不能保证经营增长。

第二，先从一部分骨干开始，给他超额的工资待遇。让他知道公司将其作为人才、作为未来合伙人培养，观察员工战斗力是否会变强。

第三，有意识地单独请教员工，要挑大事去请教。问问员工觉得店铺要怎么改进，公司要怎么发展，团队应该怎么带。不断地请教员工，你的员工就会给你很多的想法。他的自我意识会觉醒，能动性会被激活。

第四，尝试把开会当成企业思想工作的重要阵地、员工练习口才的讲台、老板筛选员工的秀场和自我批评的课堂。老板一定要学会给员工做思想工作。

02 第二章 组建篇

FORM A TEAM

「选择大于努力，好团队从招人选人开始」

选择大于努力，这句话在团队组建中同样适用。企业能够做到什么地步，团队的状态至关重要。

组建篇总共分为三个小节。

第一，人才的基因。

如果把人分成人员、人才、人物这三类的话，你会发现大多数员工都是人员，人才特别少。怎么样让公司的人才变多？人才到底有没有基因？

第二，招人的铁标准。

到底什么样的人对企业的贡献最大，我们需要把这个招人的标准给定出来。就像我们做店铺一样，先找到自己的人群画像，人群画像越清晰，我们去开直通车或者去做钻展，广告费也会投得越精准。

第三，如何正确地面试。

面试要问什么问题，怎么通过这些问题来判断员工到底在想什么、能做什么，这是很多企业缺失的，有很多面试问的问题根本没必要。

FORM
A TEAM

一、人才的基因

我们知道，人的性格是不一样的，而性格相当于人的“操作系统”。每个人都装了一个完全不同的系统，当你了解之后，你就会理解为什么你的员工会出现这种工作状态。老板需要弄清他的“操作系统”，才能够知道怎么去“使用”他。就像一个人装了安卓，一个人装了苹果 ios，两个人装的系统不同，对外界的反应也不同。选择大于努力，选错了人，你会觉得带人特别的难。我们要先选择和正确的人在一起，才能够彼此配合好。

在性格学上，我们不看这个人说什么。说，只代表一个人的价值观，只是一种口才表达，一般不予关注。因为人可以表演，可以演什么像什么。语言可以骗你，但潜意识不会欺骗你。因此，我们想要精准地判断一个人的性格，就要看他的行为。

大家都知道直通车是比较质量得分的。质量得分有四个考察点，分别是基础分、创意效果、相关性和买家体验。同样情况下，如果你直通车的质量得分是 10 分，竞争对手的质量得分是 8 分，那么同样出五块钱，质量得分更高就更具优势。如果人有质量得分，那么就能像开直通车一样，清晰地知道这个人的长处和短处，知道他哪个地方需要优化，而哪个地方是他最擅长的，可以发挥他的优势。

怎么知道人的质量得分呢？

直通车的质量得分

质量得分（1–10）　　了解详情 >>

10 分

基础分：根据直通车账户近期的关键词推广效果给出的动态得分。

创意效果：推广创意近期的关键词动态点击反馈。

相关性：关键词与宝贝类目、属性及文本等信息的相符程度。

买家体验：根据买家在店铺的购买体验给出的动态反馈。

1. 首先要学会识人

“世界是由一群人在做一堆事，而生机勃勃。”

DISC 行为性格管理学把人分为两类：一类是与事相处的人，一类是与人相处的人。有些人特别喜欢与人打交道，特别喜欢跟人沟通，这就是与人相处的人。而有些人就比较不擅长与人沟通，就喜欢默默地做事，这是与事相处的人。与事相处的人又分为两类：一类是追求事情结果的人，一类是严谨事情过程的人。与人相处的人也分为两类：一类是影响别人的人，一类是配合别人的人。行为性格管理学就把人分成两大类、四小类，分别组合成了很多类型。

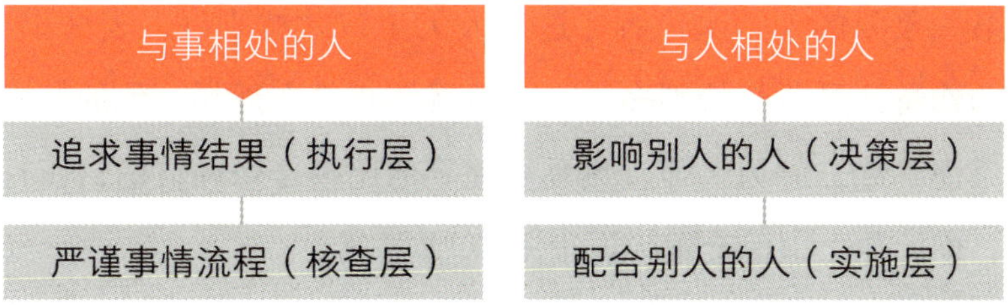

2. 性格的四个象限

从性格学的角度，我们还可以把人划分成四个象限。横轴是与人相处和与事相处的取向程度，竖轴代表能量值的高低，分成正能量取向和负能量取向。第一象限代表影响别人的人，第二象限代表关注事情结果的人，第三象限代表关注事情流程的人，第四象限代表配合别人的人。

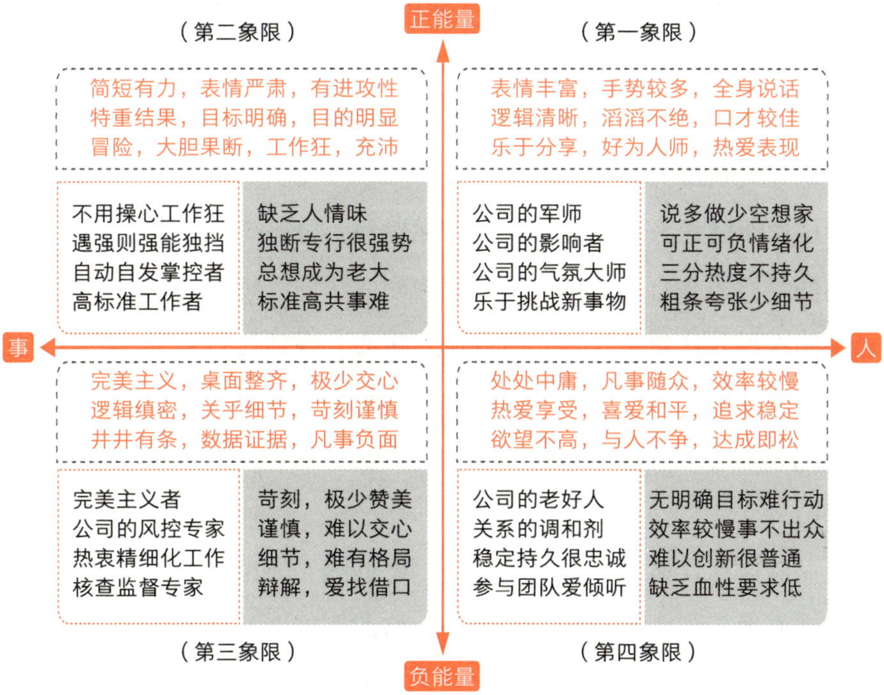

第一象限的人是决策者。这种人天生口才特别好，表情很丰富，他的动作特征是手势特别多，一说话就浑身都在颤抖。他的逻辑很清晰，滔滔不绝，好为人师，热爱表现。他比较自恋和自信，而且很爱分享，你问他个事他会跟你说很多。

这种性格的人比较在乎自己的外表，因为这种人以人际关系为导向，特别在乎外界对他的评价。他是公司里面的军师，想法特别多，而且非常有影响力。他有很多观点和想法，又比较擅长与人打交道，是公司里的气氛大师，他乐于挑战新的事物。

他的缺点就是说得多做得少，往往是一个空想家，想的都是天马行空，落不了地。而且他的能量是可正可负的，情绪化很严重，可以很快喜欢一个人，也可以很快不喜欢一个人。他想让别人负能量就可以让别人负能量，想让别人正能量就可以让别人正能量，影响力、号召力很强。他很喜欢新事物，喜新厌旧，三分钟热度。他对很多东西不持久，尝试完一件事情后，他就再也不会持续了，因为他觉得这个事情缺乏挑战了。他一直活在对外的追逐当中，很多事情都虎头蛇尾，三分钟热度。

这种性格的人心地比较善良，你对他一分好，他对你十分好。他天生的号召力来自乐于助人，他是为别人活的，特别活在别人的评价当中。这种人比较擅长说，所以比较粗心，说话比较夸张，特别不注重细节。有的时候他说十句话，你只能信九句，有一句不是真的，当然这句话也不是他故意骗你，他本身说的那一刻是真的，但是他没做到。

一般这种性格的人喜欢当讲师、咨询师、演说家甚至主持人，只要跟说有关系的就肯定能干。这种性格的典型老板就是马云。他演讲的时候表情特别丰富，总是语出惊人，说一些和别人相反的观点。而且他口才特别好，一般人说不过他，滔滔不绝，口若悬河。这种性格的人，非常擅长做氛围，说得多做得少。他是一个空想家，需要一帮人帮他去实施和落地。这种人是公司天生的决策者、领导者、影响者、氛围的打造者。

第二象限的人天生以结果为导向，执行力特别强，目标明确。这类人的典型特点是动作简短有力，表情严肃，说话带有明显的进攻性。他们性格大胆果敢，是天生的工作狂，精力充沛。他们天生特别爱工作，享受生活对他们来说没有什么意义，更有价值的是工作。他最需要的就是掌控，他需要权力。他最害怕别人架空他，没有任何事情给他做。你想让他离职的话，就不给他任何事情做，不给他任何权力。一旦涉及工作，他就能够发挥自我，绝对不会让你操心。遇到困难他会遇山开路、遇水架桥，独当一面。他会想尽办法达成结果，是一个公司、一个部门的掌控者。他的标准很高、很严格、很苛刻，是个高标准的工作者。

这种人的典型缺点是缺乏人情味。别人在他眼里就是一个为了达成结果的工具。你会发现他们和人沟通的时候，很少会说“请”“你好”，很少带有丰富的语气。他非常有自己的主见，独断专行，非常强势，做事情非常果敢，总想成为老大。这种人最讨厌的是被别人安排工作，你只要把这个工作交给他，跟他说你什么时候给我结果，他就一定会给你一个结果。他讨厌被别人管，他总想成为事情的掌控者，想成为这个事情的老大或项目的负责人，标准比较高。在公司里面，很多人适应不了这种人，和他比较难共事。这种人当老板的概率是最高的，特别有 power，特别爱工作，特别有主见，特别有想法。这种人的典型代表是董明珠。她的表情永远很严肃，目标很坚定。她是一个目标性很明确的老板。

在你判断一个人是不是这种人的时候，可以看他的动作是否很短，表情是否严肃，是否特别强势，是否不说语气词，是否命令式地和你沟通，还有他走路快不快。这种性格的人是非常强大的执行者，执行力特别强，你根本不用操心，他会很好地给你结果。他比较关注事，对人的关注比较少，能量值非常高，从来没有什么负能量，是特别有干劲的一种人。

第三象限的人在中国比较少，大概占了百分之几。能够形成这种心理的人是比较少的，因为这种人特别严谨，是完美主义者。他的办公桌永远收拾得整整齐齐，他的逻辑能力特别强，特别注重细节，苛刻严谨，甚至有点洁癖。他做很多事情的时候，特别仔细和认真，比如说洗澡，他有可能要先洗左耳朵，然后再洗右耳朵。他做事情井井有条，特别注重数据。

如果用一句话来描述他的心理，就是“总有刁民想害朕”。他凡事都往负面想，总觉得会有问题。这种人是你公司的风险管控专家。他特别热衷于精细化的工作，医生、科学家、财务等职业，好多都是这种性格的人。他们不喜欢和人打交道，做着数据类的工作，特别敏感。

他的缺点是苛刻，要求很高，还有就是特别谨慎，不会和你交心。他平常也会听你讲，但很少会和你交心，而且你怎么着都很难和他交心，因为他对任何人都有防备，对很多事情都苛刻。他很少去赞扬别人，因为他本身是完美主义者。他特别注重细节，做一件事情总会钻到细节里面，很难有格局。他特别爱辩解，爱找借口，因为他特别完美主义，容不得别人批评他，所以总是找一堆证据理由来证明不是他的错，唯恐别人陷害他。

第四象限的人比较平稳，他是配合第一象限和第二象限的人存在的。如果说前面两种类型是影响人的人，那么这种人就是配合人的人。这种人处处中庸，凡事很随众，没有什么主见，没有什么观点。大家说怎么着就怎么着，怎么着都可以，是老好人。典型的动作就是慢，干什么事情都慢慢悠悠，磨磨蹭蹭，效率比较低。你很少见他发脾气，也很少见到他快速地做一件事情。他说话也慢悠悠的，当然有的人说话可能没有那么慢，但是他特别温和。

他热爱享受，喜爱和平，以稳定型的环境为导向。他最讨厌的就是变，追求稳定。他的欲望也不高，与人无争，差不多就可以。他的优点就是老好人，是人际关系的调和剂。他很忠诚，在你公司可以干很久。他爱倾听，积极地配合团队。他的缺点就是没有目标，如果你的目标不清晰，不能具体地告诉他怎么做，他就很难行动，你说个大概他就做不了。他没什么主动性，做事不出众。而且他不会创新，很普通，缺乏血性，要求特别低。

这种性格的人处于公司的实施层，他可以把事情给落地。这种人最害怕不稳定，老板今天说这个，明天说那个，这就是他最讨厌的。如果你想让这种人离开，今天给他换这个岗位，明天给他换那个岗位，今天告诉他往东走，明天告诉他往西走，干不了多久他就离开了。因为他受不了你，他希望稳定。

总结一下：第一象限的人以人际关系为导向，第二象限的人以结果为导向，第三象限的人以完美主义情结为导向，第四象限的人以稳定性环境为导向。

第一种人活在别人的评价当中，他最需要的是被别人尊敬，被别人需要。他好为人师，想让别人觉得他很厉害，需要他、崇拜他。对第二种人，你想让他发挥作用，就给他一件事，让他独当一面，自己说了算。他有权力的欲望，他喜欢被别人追随，被别人服从。对第三种人，你要让他去关注细节，他会做得很好，因为他特别注重细节的东西。第四种人需要别人关注他、认同他，所以要让他参与团队。

对第一种人，你想让他走的话，就批评他。对第二种人，你想让他走的话就架空他，不给他任何事情做，让别人管着他，他就会走掉。对第三种人，你想要他走，就不断地去给他安排一些在细节上发挥不了优势的工作，比如一些需要想象力的工作，然后再经常地批评他，苛责他，他就会走掉。对第四种人，你想让他走，就不停地给他换工作。

3. 人的四种类型及典型人物

根据四个象限，我们把人分成四种类型。第一种是 D 性格的人（属于执行层），典型的代表是孙悟空。第二种是 I 性格的人（属于决策层），典型的代表是唐僧。第三是 S 性格的人（属于实施层），典型的代表是猪八戒。第四种是 C 性格的人（属于核查层），典型的代表是沙僧。

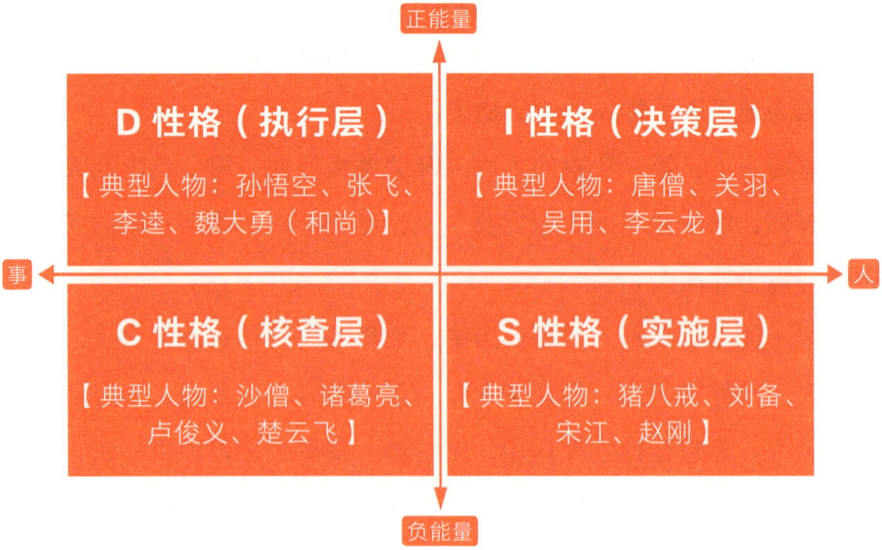

先说《西游记》里的人物。

第一种，孙悟空。他脾气特别暴躁，动作简短有力，然后有进攻性，目标特别明确：打妖怪，保护师傅上西天。性格果敢大胆，不怎么听领导的话。天生的工作狂、战斗狂，遇强则强，独断专行，也想成为老大。

第二种，唐僧。他嘴里叨叨念个不停，和谁都打好关系，神界、仙界、道界都有他的好朋友。他特别有人格情怀，为人类谋福，又好为人师，热爱表现，希望让所有人都知道他很厉害，是一个特别为别人而活着的人。

第三种，猪八戒。他去西天可以，不去西天也可以。做事效率比较低，磨磨唧唧，偷奸耍滑。但是他为人特别善良随和，你说咋地就咋地，需要别人找他。

第四种，沙僧。他总说这几句话："大师兄，师傅被妖怪抓走了。""大师兄，二师兄被妖怪抓走了。"他一路上都没讲过他自己的事情，因为他不会和你交心，他很严谨。他在流沙河里吃人骨头，是没有人情味的。这种性格的人特别少，但是他很重要。

再说《三国演义》里的人物。

第一种，张飞。他动作简短有力，表情严肃，特别有进攻性，脾气暴躁。

第二种，关羽。他以人际关系为导向，特别重情。他在华容道放了曹操，很懂得报恩。他特别善良，你对他一分好，他对你十分好。他很忠诚，特别忠心于刘备。他又特别自傲，所以败走麦城。留着一个长胡子，被称为"美髯公"，特别在乎自己的外表。

第三种，刘备。他常常说："诸葛军师救我。""二弟、三弟，我们该怎么办？"他整天问的都是：我们该怎么办？我们该往哪走？他其实特别擅长和人沟通。他笼络人心，人际关系特别好，但他没有特别强大的魄力。这种人平常绝对不会生气，但生气起来惊天动地。

第四种，诸葛亮。诸葛亮事无巨细，对什么事情都规划得特别清晰，叫"山人自有妙计"。他的逻辑思维特别强，特别注重细节，推演能力特别强，而且事必躬亲。但是诸葛亮没有和谁交过心，他对你讲他的想法、他的理想，但他不会和你讲他自己如何。他特别注重做事情，最后把自己累死在工作岗位上。他不相信任何人，任何事情都要算无遗策。

4. 老板的类型及典型代表

每一种性格的人都可能当老板，不是只有某种性格才能当老板。所以不同性格的老板有不同的显性基因。

执行层 D	**支配型，**动作短快，控制欲强，有主见，爱挑战，独当一面，急躁易怒
决策层 I	**影响型，**动作较多，口才好，为他人而活，号召力强，建言献策，夸张，说多做少
实施层 S	**稳定型，**动作平缓，友善亲切，稳定持久，有耐心和同理心，欲望低，效率低
核查层 C	**服从型，**完美主义，数据精确，细节严谨，高标准，风险洞察者，爱解释，怕批评

执行层的人执行能力特别强，擅长搞事情，带着员工冲锋陷阵。典型的企业家就是董明珠，她要求员工 24 小时必须开机，不接电话，直接开除。

决策层的人造势能力特别强，特别会鼓舞人心，叫狭路相逢勇者胜。企业家的典型代表有马云（前面提过），还有刘强东。刘强东把员工当成兄弟，特别注重员工的住宿。史玉柱也是典型代表，他的营销能力特别强，特别擅长沟通，擅长打交道。他的号召力特别强，当他面临破产的时候还有员工死心塌地地跟着他。

实施层的人特别会搞关系，什么人都能适应，拉拢各种帮派。典型的企业家就是李嘉诚，他什么时候都温温和和的，人际交往能力超强，是特别招人喜欢的人，跟任何人都能玩在一块儿。

核查层的人很少说话，特别谨慎，凡事分析得特别到位。企业家的典型代表就是马化腾。马化腾平常很少说话，说话也是慢吞吞的，且特别低调。

5. 四种性格的组合分析

其实，每一个人都有这四种性格。不是说，一个人的性格只有 I 或者只有 D。人的性格其实是这四种类型的组合。人如果只有一种性格，说明这个人不成熟。

比如我们大多数人在遇到危难的时候也很紧急，动作也很快。在环境比较松散的情况下，也喜欢聊天。在某种状态下也挺配合别人，在考试的时候也特别谨慎，也喜欢核查，注重细节。

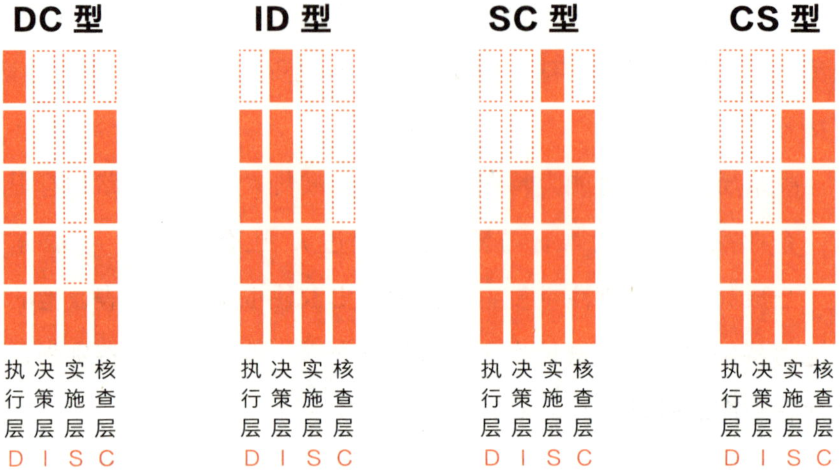

第一种组合叫 DC 型，这种类型的人既特别注重结果、注重效率，又有完美主义倾向，要求苛刻，战斗力很强。和他沟通时，要拿数据直接说结果，不要那么多废话，要求精练。

第二种组合叫 ID 型，I 的指数最高，D 排第二。他特别能说，特别有主见，特别有想法，天马行空，总会看到别人看不到的本质。同时他工作也很投入，精神也很充沛，战斗力特别强。这个组合的 C 得分最低，说明他不重视细节，干不了具体的事情，主要是一个表现型的人。

第三种组合叫 SC 型，这种人特别擅长搞人际关系，做什么事情都慢慢的，也不是特别强势。他能很好地协调各种关系，同时又有一定的细节精神。这个组合的 D 得分最低，说明不会轻易发脾气。

第四种组合叫 CS 型，一般是技术理科男，C 的指数最高，是完美主义者，逻辑能力特别强。他特别注重细节，不擅长与人分享，非常低调。

总之，人有多种性格，就算同样是 ID 型的人，各指数不同，性格也会不同。

6. 选人的要点

选人比用人重要 100 倍

你可以给员工做这样的一个性格测试，这样你就能够清楚地知道这个人的性格是什么样的，他适合做什么。有的人天生就是搞公关的，与人交流的。有的人特别擅长整合人，做调味剂，是团队的老好人。有的人整合资源能力特别强，做事情特别精细。选人比用人要重要 100 倍，你选对了，接下来的工作就会比较容易，因为你找到了员工的擅长点。

选人的要点

1. 尽量选择与自己互补的性格。
2. 尽量选择人事合一的性格。
3. 尽量选择倾向为 D 和 I 的性格。
4. 尽量正负互补，人事互补。
5. 不要选某种性格得分特高的人。
6. 企业处在中后期，尽量选一些 S 型和 C 型的人。
7. 不要妄想改变人的“操作系统”。

掌握人才的基因后，老板可以参照“选人的要点”组建团队。要尽量选择与自己性格互补的人。你要先知道你是什么性格的人。如果你特别 power，特别脾气暴躁，是个 D 型的人，那么你需要找一个 I 型或者 S 型的人来帮你搞人际关系。如果你是 I 型的人，特别不注重细节，你需要找一个 C 型的人，让他帮你做精细化的事情。

要尽量选择人事合一的人。

执行层、核查层就属于注重事情，前者注重事情结果，后者注重事情过程。决策层、实施层就属于注重人，前者是影响人的，后者是配合人的。你要尽量找一个既能与人打交道，又能做事的人。像马云，能够影响人，而且做事的指数也很高，是一个很有目标的工作狂。如果你是个典型的做事的人，特别铁腕，那么就需要找一帮和你相反的人来帮忙处理“人”的事情。

一个“人事合一”的人，就特别值得我们去选择，因为他可以培养，这种人特别适合当你的骨干。我们在第四章讲骨干篇的时候会讲到这种人的重要性。比如一个专门做“事”的人，带团队就会很困难，因为他对人的关注度不够，带不起人来。

如果你处在创业初期，要尽量选择 D 型和 I 型的人，就是以结果为导向和以人际关系为导向的人。因为他们的欲望特别强，一个需要权，一个需要名，有自我驱动力。在创业初期，老板没那么多时间去带人，所以最开始要以选择这两种人为主。S 型和 C 型的人都是无欲无求的，更适合守江山，打江山的时候需要的是 D 型和 I 型的人。

还有，组建一个团队时，尽量正负互补、人事互补。如果这个主管是特别擅长做事的人，那这个副主管就是搞人的。如果主管是特别擅长搞人的，落不了地的，你就给他配个做事的。如果主管是人事合一的，那你也要给他配个人事合一的。一个管事，一个管人，这样的团队组合才可以。

尽量不要选择某种性格得分特高的人。比如一个人 D 的得分特别高，那他脾气会很暴躁，很难团队协作。I 特别高，说的话都落不了地，很难干具体的事情。S 特别高，做事就特别慢，效率特别低。

企业做到中后期，你的企业已经到了一定规模时，你可以考虑引入 S 型和 C 型的人。S 型的人非常稳定，不会轻易辞职。C 型的人特别注重细节，特别能够帮你做标准化、精细化的事情。你的人越多，问题就越多，流程就越多，越来越复杂，C 型的人可以帮你把流程给标准化。

> 选择大于努力，草再怎么积极向上，还是草，大树即便根没有那么深，但终归基因是树。世界上最难的一件事是改变人的本性，企业家是发挥人的，不是来改变人的。如果说一定要改变什么人，那就是改变自己。组建团队是人力资源的战略顶层设计，用人水平再厉害也只是人力资源的战略执行。
>
> ——大圣老师

我们选人的时候，不要妄想改变人的“操作系统”。你想想改变你自己的性格难不难？人的第一性格是永远改不了的，除非是遇到重大的变故。

第一性格是他的“操作系统”。而第二性格就相当于一个内存卡，或者一个新的 CPU，它可以改。选择大于努力，我们一定要知道这个人的“操作系统”是什么，才能够更好地招人。

世界上最难的一件事是改变人的本性，企业家是发挥人的，不是改变人的。如果说一定要改变什么人的话，那就改变自己。

有的老板抱怨新招的员工不行，那说明你招人的时候就错了。我们不要妄想去改变人，我们要找到合适的人。

FORM
A TEAM

二、招人的铁标准

怎么招到合适的人？不缺人的时候还招人吗？招人的铁标准是什么？

1. 为什么不缺人，还要去招人

不招聘，企业做不久

1. 人越多越好管理。
2. 借助面试，给员工传递公司发展势头良好的信号。
3. 招人能够给多店布局积累储备人才。
4. 招人让你更加了解外部的变化，发现更多真相。

人在什么时候最好管呢？公司在赚钱的时候，人最好管。公司不赚钱的时候，人最难管。公司不赚钱，看不到希望，人人都想走。

老板能量特别足、情绪特别好的时候，人就特别好管。还有就是，人多的时候特别好管。人少的时候没氛围，就特别难管。所以说我们要招人，人越多，越好管。

很多人说，人越多可能管理会越复杂，其实未必。很多老板总想自己管人，这是不对的，要让人自我管理。人的自我管理是最重要的。要先做好思想工作，再让人自我管理。此外，人多的时候，就有其他人可以帮你去做联盟管理。

此外，我们可以通过面试给员工传递一个信号——公司的发展势头良好。

让员工觉得，公司现在欣欣向荣，不断地缺人手，团队在壮大。让员工觉得他也能够成为别人的师傅，有传帮带的机会。人增多的时候，他也有了权力，觉得可以管人。所以对公司来讲，通过招人，员工的状态会更好，能力也会得到提升。

另外，招人还能够给多店布局积累储备人才。

比如我们开天猫店，不可能只开一个，对不对？有可能你布局了很多类目，要做很多的业务。所有的企业未来都会走向多店布局，当你走向多店布局的时候，就会发现人手不够，所以招人其实就是在帮你做人才储备。有的时候，企业要养一些闲人。当然不是那种闲着没事干的人，而是养一些多余的人，以便日后给我们创造巨大价值。这样做，我们以后也就不怕人员流失了，因为我们有足够多的人可以用。

招人还可以让你更加了解外部的变化，发现更多的真相。

我们可以抓住招人这个机会来了解更多外部的变化。你如果是个小白老板，有没有一种方法可以快速地了解电商运营，了解到底店铺该怎么做？答案就是招聘。

这招有点损，对应聘的人特别不公平，但对老板来说，特别有用。

如果你现在不懂电商，那么可以去拉勾网、智联招聘、58 同城、前程无忧等网站上投递招聘的信息："诚招运营合伙人，底薪 × 万元/月，加销售提成，外带年终分红。"

你挂出去的薪资待遇可以给得很高，没关系，我们的原则是：只面试，不招聘。这只是一个面试的条件而已，并没有说一定要招进来人。

比如在一个大城市，你可以找一个好的办公室或者是好的咖啡馆去面试，一天坚持面试三个。

能够过来面试的人，水平都比较高。一般水平的运营，看你招聘的条件那么好，会觉得自己不够格，不会过来应聘。所以凡是能够过来面试的，都是有志当老板，或者特别厉害的运营高手。

面试的时候你就问他：

你对我们这个类目是怎么看待的？

我们类目这几家 TOP 级，你认为是怎么做好的？

你觉得我们店铺存在什么问题，该怎么改？

如果你进公司，在第一个星期会做一件什么事，能够最快产生效果？

你觉得我们店铺的直通车计划还有没有问题，怎么开才比较好？

要么你给我建一个计划行不行？我看一下效果如何，到时候我们再谈一下。

这个运营可能会给你噼里啪啦讲一堆，你先记下，然后等第二个运营过来面试。

你再问他：

你觉得我们这家店铺怎么样？

你觉得我们这两家店铺是怎么做起来的，为什么流量那么大？

为什么对手的直通车能这么开？

我们直通车开的有什么问题，要不你给我建一个计划怎么样？

之前有个运营这么跟我说，×××××，你说他说的对不对？

你可以用这个运营的回答来验证上一个运营的回答。

接下来继续。再来个运营，你就接着问他：

我们店铺有什么问题，需要怎么改进？

为啥这家店铺流量这么大？怎么样能使店铺流量变大？

这家店铺你说他是刷单，那么他是怎么刷的？

你有什么刷单资源吗？你能给公司带来什么价值？

你不断地用后面的运营，来验证前面的运营。如果你坚持一天面试三个运营，一个月下来你就面试了七八十个，那么你就是电商界的人精了。什么运营再想欺骗你，那根本是不可能的事情了。

你把各种各样的类目、各种各样的运营、各种各样的套路，不管是玩正规渠道的、玩资源渠道的，还是玩技术渠道的，你都搞明白了。通过大量的信息分析，你就知道什么是你最该做的事情。

所以说招人能让你接触到外界的变化，让你知道原来现在有一种玩法叫“黑搜”，原来他是用这种方法来刷单的，原来他做的是这种平台。这会使你对信息的抓取能力变得很强。

一个企业什么时候停止招聘了，说明这个企业已经走向平稳，再也发展不动了。不断的招聘是为了我们下一次发展储备人才。我们要重视招聘，要把招聘工作给常态化，一个老板就是企业最大的人力资源官。

2. 我们到底招什么样的人

很多老板看完上一节“识人”的内容后可能会说：老师，我要招一个 I 型或者 D 型性格的人。

其实这还是比较片面的，以下是我给大家的一些招人的建议。

（1）优先招聘潜力小白

一般情况下，我们很少花很大的价钱去招一个有经验的运营。我们在招运营的时候，优先去招聘的应该是有潜力的小白，他们的战斗力特别强。

举个例子，你招了一个有经验的运营，他在别的店铺做过。虽然确实有一点运营能力和经验，但其实也就是一个“半桶水”，并不一定有多么适合你。因为好的运营要么成为别的公司的股东，要么已经出去单干当老板了。能够出来晃荡好几年，换了好几份工作，却还在找运营工作的人，就是典型的“半桶水”。招过来之后，你还要哄着他，要听他的。甚至你会发现，店铺做起来就是他的功劳，做不起来就是你的问题。因为他的自我意识特别强，你很难管理他。他会觉得我原来在那家公司就是这么干的，你根本就不懂。这种人的忠诚度一般都不会很高，他会把自己凌驾于老板之上。

其实，运营并不是那么难。就像开车一样，如果你不会开，就会觉得这是很危险的一件事。但如果你会开，就会觉得很简单，一脚油门一脚刹车。直通车有什么难，不就是一套东西吗？最难的是思路。

你可以算算你的运营从早上 8 点到晚上 8 点干了什么，其实他并没有干多少事情。我的很多学员发现外面的运营不靠谱，还是自己培养的最靠谱，于是就开始自己培养。

一般运营有三种。一种是从美工里面直接选拔的。因为美工特别懂页面，视觉好。一种是从客服里面选的，因为客服懂产品，特别懂客户的需求。还有一种就是从外面招小白。这三种是最好的。

我建议去招大学本科毕业的小白，因为本科毕业，说明他的学习能力不会太差。小白就像一张白纸，你怎么说他都听，特别有正能量。你让他学什么，他就学什么；让他听什么课，他就听什么课；让他怎么做，他就怎么做。

如果小白运营打出第一个爆款，你马上给他涨工资，他会特别感激你，觉得老板太重视他了。这个时候他很好管，也很好用。因为他是你带起来的，你和他一起学习，他不会说老板这不行、那不行。他跟你一起成长，你学老板的东西，他学运营的东西。他的忠诚度，还有管理的便捷度，都非常高。

小白特别好带，一般三个月就可以培养成一个推广了。如果能培养个半年，基本上他就是一个比较合格的运营了。如果你自己也不懂，没关系，带着一个小白一起学习。然后去提升他，你会发现他的战斗力特别强，很少会有负面情绪。

有潜力的小白还要有欲望，对未来有规划。有欲望的人才有战斗力。只要态度好，战斗力强，能力都是可以培养的，没有人培养不起来。

（2）要尽量招外地人

在大城市，尤其在北上广深杭这些城市做电商，要尽量招外地人。很多本地人无欲无求，都是因为上一代给他们安排得太好了。所以我一般不建议招本地人，除非是财务或者仓管这种职位可以招本地人。一般像美工、运营这些核心的岗位都要招外地人。

外地人的战斗力会非常强，尤其是那些非独生子女的外地人。你可以仔细想一下，对你公司贡献最大的都是什么人？很可能都是外地人。也不能说本地人一定都不上进，如果能遇到一个既是本地的又上进的，说明你真的很幸运。但是这种人极有可能、极其容易会成为你的竞争对手。因为他非常有战斗力，又有资源，还有很多的人际关系，培养起来后很可能就会成为你的竞争对手。

如果你所在的城市比较小，外地人比较少，招不到外地人，怎么办呢？

你可以招这个城市里家庭条件比较艰苦的，因为这种人也会有很强的欲望，尤其是在家里面有担当的，兄弟姊妹比较多的非独生子女。但凡是有兄弟姐妹的，他的担当能力都比较强。很多公司里面有战斗力的人都是外地人。如果贡献很大的人是本地人，那他很大可能不是独生子女。

（3）招聘知根知底的牛人

有的人说小白太难带了，我不知道怎么带小白，我一定要招个有经验的。

那你一定要找和你资源互补的人，只有资源互补的人，才适合给他高薪。如果他没有给你带来什么价值，你给他高薪是完全没必要的。

招牛人的时候，不要急着把他挖过来，一定要经过这样几个步骤。

你们先在一起吃饭聚会，从朋友做起，至少吃五六次饭。每次吃饭其实就等于你在面试他，在向他展示你的格局，展示你的企业价值。你觉得他的人品没问题，对你的行业和你的企业也很有感觉，再去请教他几个店铺问题。也就是你向他示弱，看他能力到底强不强。最后真正确定他有能力，人品没问题，家庭背景也都了解了，你就可以用重金把他挖过来。

如果你需要给他股份，那么就让他投钱。只有他往公司投钱，才会对你的公司完全上心。如果他现在没有钱，你就让他先欠着，等年底分红的时候，把分红的钱投进来。

还有就是尽量招复合型人才，也就是前面“识人”的环节所说的，要招既能管人又能干事的人。

3. 招人的铁标准

招人的铁标准

1. 尽量选择有欲望的人，知道自己想要什么的人。
2. 尽量不要选某种性格得分特别高的人。
3. 运营首选小白，务必大学本科毕业。如果选有经验的，一定要长期反复地相处了解。
4. 尽量招聘外地人。如果一定要选本地人，尽量选家境贫困、压力大的非独生子女。
5. 企业做到一定阶段，尽量选择一些 S 型和 C 型的人。
6. 不要妄想改变人的“操作系统”。

总结起来，招人的铁标准有 6 个。

第一，尽量招有欲望的人，知道自己想要什么的人。他们必须能回答一个问题：我要成为一个什么样的人？未来要如何发展？

第二，尽量不要选某种性格得分特别高的人。一项得分特别高，其他项分数都不高，说明这个人不成熟。

第三，运营首先要选小白，务必是大学本科毕业，因为他的学习能力会比较强。如果要选有经验的牛人，一定要经过长期反复的相处了解。理念适合、价值观适合、能力适合、资源适合，才可以挖过来，不要猛然去挖人。

第四，尽量招聘外地人。招人的时候，尽量选择那些刚毕业的大学生，想在这个城市留下的外地人。如果只能选本地的，就尽量选家境贫困、压力比较大的非独生子女。

第五，企业做到一定阶段，要尽量选一些 S 型和 C 型的人。

第六，不要妄想改变人的“操作系统”。

我们要记住这些标准，招人的时候一定要想办法画个人画像。你可以先观察，看你公司里面哪些人的贡献值最高，就按照那个标准去招人。

FORM
A TEAM

三、如何正确地面试

95% 的企业不会面试

1. 面试的本质是应聘者面试企业

> 面试的本质不是我们要面试应聘者，而是让应聘者来面试企业。因为招人的本质是吸引志同道合的人，而不是增加一个人员。
>
> ——大圣老师

其实很多面试都是错误的。面试者问应聘者：你为什么来我们公司？你了解我们公司吗？你的工作经验是什么？你擅长什么？你的薪资要求是多少？你抗压能力强不强？你能不能加班？

问完这些，再问：你还有别的问题要问吗？“没有问题，好，你什么时候可以过来上班？”

大概就这样，这完全是错误的面试。

面试的本质不是我们要面试应聘者，而是要让应聘者来面试企业。因为招人的本质是吸引志同道合的人，而不是增加一个人员。我们花了钱，用试用期来培养员工，要花心思在他们身上。我们的目的不是要多一个人员，而是要招一个人才。这个人才一定是和你价值观相同，和你志同道合的。只有对你感兴趣，受得了你的折磨、经得了你的锻炼、耐得住你的管理的一个人，才适合进入你的公司。

所以面试其实是让别人面试你。

在面试过程中，70% 的时间用来真实地展示企业，30% 的时间用来向应聘者提问。

面试的要点

1. 展示企业的愿景：我们是一家什么样的企业。	1. 问价值观：你想成为一个什么样的人？5 年后的规划是什么？
2. 展示企业的文化：我们都是一群什么样的人。	2. 问自认知：你最大的优点是什么？最大的缺点是什么？
3. 展示企业的现状：我们取得了什么样的成绩。	3. 问压力值：你会在什么情况下离开我们公司？你接受不了什么样的工作状态？
4. 展示企业的未来：企业的成长和人才的规划。	4. 问能量值：你怎么证明你很热爱这个工作，而不是为了薪水？
5. 展示企业的要求：我们要招的是有战斗力的人才。	5. 问具体事：你最擅长的运营板块是什么？打爆款最关键的点是什么？

（1）展示我们是一家什么样的公司

应聘的人一进来，你就开始展示自己，展示你的格局，展示你的团队，展示你的企业文化，让他对你和公司产生兴趣。应聘者产生兴趣之后，将来离职的概率会很低。我们做过测试，在面试当中不断展示的企业，一般留下来的员工干的时间就长很多。如果面试时不断地问应聘者问题，员工对公司了解不深的，进来工作一段时间就走了。

我们是一家什么样的公司，发展的愿景是什么；我们的格局是什么；我们要让每个人如何；我们都是一群什么样的人。

我们招的是人才，是合伙人，是为公司创造价值的人。我们公司的每一个人要享有整个行业的高待遇。

我们的企业现状是什么，我们已经取得什么成就。我们存在什么问题，我们需要什么样的人才来解决这些问题。企业未来的成长和人才的规划是什么，比如说岗位有什么晋升通道。

最后强调，我们要招积极向上的人、有战斗力的人。我们要招特别有想法的人、想成就自己的人，我们要招一些未来想做老板的人。

你在讲这些的过程中要注意观察，如果应聘者瞳孔放大，表现出认真倾听的样子，那么这个人就是你要找的人。这说明他已打开内心来接收你的信号，认为这是他想要找的公司。

（2）向应聘者问一些关键性的问题

第一，问价值观。

你想成为一个什么样的人？你的五年规划是什么？如果是面试客服的，你要问：五年之后你希望在公司里成为一个什么样的客服？

问这个问题的目的就是让他开始产生欲望。有些人一辈子都没想过自己想成为一个什么样的人，当你这么问他时，他才会开始想，开始激发自己的欲望。也许就在你这次问话当中，他会找到人生价值。

当他回答你的问题时，自然而然地会把自己代入你的公司里，他会想如果自己已经在你的公司干了五年，那应该是什么样？他开始假想已经入职你的公司，同时也会开始认同你公司带来的价值。

第二，问自认知。

你要问他：你最大的优点是什么？最大的缺点是什么？看他的自我认知能力强不强。然后让他做一次性格测试，通过对比，你会知道他是一个什么样的人。

第三，问压力值。

你在什么情况下会离开我们公司？他会跟你讲，然后你就知道他最不喜欢的是什么，怎么管理他才会管理得更好。他会给你讲他接受不了什么样的工作，你就知道了他的极限是什么。

第四，问能量值。

我们想找的是人才，而不是一个人员，也不是一个人手。我们想找的是能够在这个岗位上发挥创造力的人，我们想让他独当一面。你要问：你怎么证明你很热爱这个工作呢？在回答的过程中，他会找一堆理由自我催眠，慢慢地让自己喜欢上这个工作，开始发现这个工作的意义和价值。

第五，问具体事。

你最擅长的运营板块是什么？如果他说他擅长打爆款，那要问：你打爆款的观点是什么？能不能具体讲讲怎么打爆款？你要问一个具体的事，在他回答的过程中，你要不断地插进去问一些细节，这样你就会知道他到底有没有真本事，是不是真的做过爆款。

以上才是真正的面试。你要一直展示“我们”，员工以后的抗压能力才会变得特别强。因为他会想看看，你们这个团队到底是一个什么样的团队。如果一个星期、两个星期没感受到，那他就会继续待上一年。因为他觉得一定有这样一个东西存在，他会一直追随着你。所以正确的面试不是我们去面试员工，而是让员工来面试我们。

2. 如何面试运营人员

面试运营人员时，我们应该问什么问题呢？

（1）你有意愿成为公司的股东吗？

通过这个问题，你会知道员工的欲望值高低。也可以让他知道，老板是一个有格局的人。

（2）如果未来公司要做多店铺的运作，你觉得怎么做成功率会比较高？

通过这个问题，你可以判断员工对自己的认知和对行业的认知，以及他的格局和能力。你可以知道：他了解过多少类目，是不是只局限在一个类目里；他在工作的过程中，能不能沉淀出一个方法论来。

（3）你怎么看待我们公司的类目，最难的是什么？

通过这个问题，你可以看出他对你的公司到底了解多少，对你的行业有没有信心。

（4）你在运营端口最擅长的是什么？

他会给你讲一个自己特别擅长的东西，比如擅长选品，擅长打爆款，擅长开直通车，擅长入钻展，等等。然后你要继续问：你怎么证明你很擅长，你和别人的区别在什么地方？

（5）请你给我们店铺做一下诊断，看看存在哪些问题？

通过他的店铺诊断，你就可以判断出他的整个运营水平在什么层次。

（6）这个问题该怎么解决，你能从根本上解决吗？

找一个具体问题来问，比如：图片点击率太低，你能不能解决这个问题？如果美工没有办法配合你，他也做不出来，你有没有一个方法论可以让美工做出来？这时候你就知道他到底有没有真才实学了。

（7）你评估一下这个运营的计划和数据，该怎么优化？

面试运营人员之前，你可以先开一个直通车计划，让培训老师不断地给你提意见。然后面试的时候，你去问运营相关的问题，你看他讲的内容和老师讲的有什么差别，就知道这个运营的水平大概在什么层次。

（8）对于我们这个类目，你觉得打一个爆款需要多久？

（9）这个店铺多久能做起来，为什么要这么久？都需要哪些步骤？

（10）如果没有那么多钱批给你，你还有什么方法？你有没有别的计划，还是你只会花钱？

（11）运营如果分级别，你认为可以分成几个级别？你自己处于哪个级别？

假如，第一级是推广专员，那么推广专员做什么？第二级是高级推广专员，那么高级推广专员做什么？然后接下来，运营总监做什么？店长做什么？这个是从职位角度划分的。如果按照能力来分，运营级别应该怎么区别？

通过这个问题，你可以让他知道自己有几斤几两，然后自己给自己定个级。一般情况下，他不会把自己归到最高级，可能会归到中等。这其实是在降低他和你谈高工资的可能性。他在给自己定级之前，可能对工资的要求会很高。但是让他给自己定完级之后，他就知道自己的级别在哪里，工资就不好意思要得很离谱。

（12）如果给你一个团队，你会怎样带他们？

这个问题是要考察他除了基本的运营能力，还会不会带团队。因为你想招的是人才，是公司未来的合伙人。那么他就需要会管理，而不是纯粹做事情的人。

（13）如果店铺长期做不起来，你认为是什么原因？该怎么解决？

（14）你是否经常去听运营技术课？你觉得这些课讲得怎么样？

通过这个问题，你就知道他是不是很自傲。如果他觉得别人讲得都不行，说明这个人太自傲了，没什么成长空间。如果他说在某个课上学到很多东西，老师还是可以的，说明这个人还是比较爱学习的，心态也是比较谦虚的。

（15）哪些机构、哪个老师是比较优秀的？

这个时候他会给你推荐一些资源，你也可以提高自己。

（16）请提一条现在就可以改进的意见，具体应该怎么做？

（17）你是否能够把复杂的问题简单化？

作为老板，你一定要知道他能不能把复杂的问题简单化。你可以让他给你解释一个问题，如果他能把一个复杂问题讲得简单清晰，说明他把电商的底层逻辑打通了，真的理解电商的本质了，那么你们就可以很好地合作。

如果你能在面试时，把他的意愿、技术、思维观念等问清楚，同时很充分地展示公司，那么人才被你招到的概率就变得很高，并且能够在公司工作很长时间。

3. 如何面试美工

美工和运营不同，美工是可以直接让你观察到结果的。当然，你也可以要求运营给你建个计划，看他做得好不好。但是二者的很多因素不同，所以工作性质也不同。美工需要有基础的能力，只有一点经验的其实也可以培养。

面试美工的问题有以下这些。

（1）你可以截屏十个页面给美工，让他来判断哪个页面做得最好，哪个做得不好。然后让他抽两个最好的和两个最不好的点评一下。通过这个环节，你可以判断他的审美能力如何。

（2）为什么有的时候视觉差的页面，会比视觉好的页面更能让产品卖好？

这个问题是为了判断美工有没有销售思维，还是他只想把图片做得好看。

（3）你如何判断一个页面做得好不好？有没有判断页面的方法论？

通过这个问题，你可以知道他工作的时候有没有沉淀一些思想。如果你认为这两个最好，而他认为这两个最不好，说明你们两个的审美观念不一致，这个美工基本可以PASS掉了。因为你们的价值观不一样，审美趋向不一样。你要招的是一个有战斗力的美工，能够卖货的美工，而不是把图做得花里胡哨的美工。

（4）你能不能把好的页面完全地借鉴过来，并做得比它好？通过这个问题，你可以判断这个美工的复制能力。

（5）如果是你负责，你会怎么做我们的页面？

通过这个问题，你可以判断他对店铺的认知程度。

（6）如果你要做一个爆款产品的页面，那么你整个的工作流程是什么？

通过这个问题，你就知道这个美工第一步、第二步、第三步做什么，比如他去不去做产品的分析，去不去做客户需求调查。通过他的工作流程，你可以判断他是不是一个高级的美工。

我们对美工的要求不只是作图，还要会做行业分析，要有品牌塑造的理念。我们公司的美工都是未来的视觉策划人，是未来的视觉策划总监，而不是一个只会P图的美工。当你给他植入这种概念的时候，他会被激发出能量，会更有意愿在你这里干。

（7）你认为好的设计师和差的设计师，区别是什么？

通过他的回答，你就可以知道他的岗位理解能力怎么样。

（8）如果你是设计总监，你怎么样培养一个设计师？

他会给你讲如何去培养，这个时候他就能够站在管理者的角度思考，能产生同理心，能更好地理解你。通过这个问题，你要让他知道公司对他寄予厚望。未来他是要成为骨干、主管、总监的人，他要会带团队，他要学会沉淀自己的方法论，而不是整天作图，那太低级了，他要把自己当成领导一样。

（9）如果运营人员对你做的页面不满意，而你觉得非常好，那你该如何和运营人员沟通？

通过这个问题，你可以判断这个美工遇事的处理能力。

（10）你平常是否参加美工视觉等培训课程？

通过这个问题，你可以判断他学习能力强不强，是不是有欲望。

（11）如果让你讲一堂美工的课程，你会讲什么内容？

通过这个问题，你可以判断他最核心的能力是什么。

（12）你有没有建立过视觉库？

视觉库可以积累做图的素材。如果他说没有，说明他没有这个意识，在这方面还是可以再提升的。

（13）你有没有考虑过做运营？

通过这个问题，你可以判断他的欲望强不强，战斗力高不高。同时也告诉他，公司有轮岗制度，给大家的机会都很公平。

客服、仓库等岗位的面试中，也可以问以上类似的问题。

4. 什么样的人绝对不能招

什么样的人绝对不能招

1. 没有欲望的、没有规划的人。
2. 经常跳槽的，运营水平“半桶水”的人。
3. 追求“钱多事少离家近”的人。
4. 道德品质低下的人。
5. 价值观不一致的人。

招人时，有个底线原则，就是什么样的人绝对不能招。这类人不仅不能为公司创造价值，而且会成为公司的负担。具体来说，有 5 种人绝对不能招。

（1）没有欲望的、没有规划的人不能招。

这类人是把自己的青春卖给工资了，绝对不能招，比如下面这个男孩。

有一次我和一个公司的员工一起吃饭，其中有四个女孩，一个男孩。

我问在座的男孩：你是几几年的？

他说：老师，我是 95 年的。

我问：你为什么要选择电商？

他说：因为我以前是学电子商务的。

我问：那你喜欢电商吗？

他说：我也不知道。

我问：那你在公司有什么规划？

他说：我没想过这个问题。

我问：你平时有什么兴趣爱好？

他想了想，不好意思地回答：打游戏。

我问：除了游戏还有什么爱好吗？

他说：好像没有。

我说：打游戏也挺好的，能够锻炼自己的冲关能力，那你谈恋爱了吗？

他说：还没谈。

我问：从大学毕业到现在都没谈过恋爱吗？

他说：没有。

我问：你在大学干什么？

他回答：打游戏。

（2）经常跳槽的人不能招。

那种换了六七家店铺，还在找运营工作的人，就是“半桶水”，基本上没有做起来的可能性。

（3）追求“钱多事少离家近”的不能招。

（4）道德品质低下的，肯定不能招。

（5）不关注公司，只关注自己，价值观完全不一致的，也不能招。

最重要的是：在创业的初期，你要招有欲望的员工。因为有欲望的人，才具有自我驱动力。

此外，面对岗位缺人才的情况，其实我们最先做的就是内部招聘。通过内部招聘打开员工的轮岗和晋升通道，让人才真正地显现出来。

小 结

组建篇的内容结束了，给大家留个作业：

第一，给员工做一次 DISC 性格测试。把员工进行分类，逐一观察他们的优点和缺点。

第二，评估一下公司哪些人是贡献较为明显的人。总结一下他们共同的特质，确定一下自己的招聘人群画像。

第三，亲自参与面试。去改变你面试的作风，改变面试的套路。日后统计展示性面试留下来的员工和普通面试留下的员工，他们的工作状态如何，存留概率分别是多少。

第四，仔细分析自己是什么性格，招聘的员工中什么类型最多，有没有招到性格上与自己互补的员工。

03 第三章 绩效篇 PERFORMANCE

「人性都是懒散的，绩效的本质是激励」

绩效篇分为四部分内容：

第一，绩效的目的和本质；

第二，绩效的设计重点；

第三，绩效设计的标准工程；

第四，绩效的千人千面。

PERFOR-
MANCE

一、绩效的目的和本质

我们做所有的事情都需要先知道事物的目的和本质，那么绩效的目的和本质是什么呢？

和员工沟通的时候一定要让他知道：为什么要干这件事，这件事的本质是什么。这样才能提高员工的思维认知水平，培养员工成为人才。

思维上清晰，行动上就会更加清晰。

绩效，说白了就是通过各种各样的手段，比如现金奖励、精神鼓舞、价值观号召、团队肯定等，来对员工完成激励。对员工的工作成果进行评估，然后进行奖励，这个过程就是做绩效的过程。通过激励之后，员工会产生斗志，会更加有动力地工作，为了下一次的奖励而奋斗。

因此，绩效的本质是激励，而绩效的目的是再创造。

1.“以贪治懒”来解决人性的懒散

人性都是懒散的，每个人都希望生活得更加悠闲一点，舒适一点。许多人都想找一个“钱多、事少、离家近”的工作。

人的内心住着两个小人：一个是偏向懒散的，另一个站在懒散的对立面制衡着它。那这个小人是什么呢？就是贪。

以贪治懒

在所有的绩效机制设置里，如何解决人性的懒散呢？答案是“以贪治懒”。

要学会利用员工的贪念，比如他关注什么，他最想得到什么，以此形成对他的牵引，改变他懒散、没有奋斗精神的状态。

建议老板们每年都带着你的员工去看看别墅、看看豪车，带他们去一些高档场所消费，激发他们的欲望，找到他们最关注的点——求名，求利，还是求权？

每一个人活在世上一定有他内心想追求的东西，这个东西就是对他进行激励的重要法宝。

“以贪治懒”是所有激励体系设置的总思维和总核心。你要先想明白员工贪什么，然后才知道怎么样去激励他。

我们说过，人的心里面永远住着两个小人。一个小人懒散，只想做一个生活悠闲、得过且过的普通人；另一个小人则追求上进，想得到内心最想得到的东西。

做一个决定时，你的内心时常会进行博弈，大脑里的两个小人不断进行斗争。一个小人告诉你要谨慎，一个小人告诉你要果敢。一个小人告诉你不用太努力，现在就挺好的，另一个小人告诉你要努力，未来会更好。

你会发现你没有办法把懒惰的人性彻底消灭掉，我们唯一能做的，就是关住那个懒散的小人，让它不再出来。

> 关住懒散小人，每个人都可以成为伟人。
>
> ——大圣老师

当一个人把内心的价值观修炼得崇高而伟大的时候，就可以变成伟人，将懒散的小人给关住。

这种价值观和一个人处于什么经济条件没有多大关系。正负都在人的一念之间，每一个人可以成为雷锋，也可以成为懒惰的人。

我们在和员工沟通的时候，要看他到底想成为一个什么样的人，他想要得到什么。当你把他的贪念、欲望释放出来之后，他就能击败“懒散”这个小人。而在这个过程中，你还要不断地把他负面的价值观关掉，拔高他的格局，将他塑造成为一个优秀的人。

2. 经营管理的本质

经营管理说复杂特别复杂，说简单也很简单，它的本质就是做好三件事：价值创造，价值评估，价值分配。像我们做电商，就是选产品、做视觉、搞推广这三件事。我们要先弄懂经营管理的本质，才能找到绩效设计的重点。

经营管理的本质

价值创造

谁创造了价值——主体
创造了什么价值——结果
如何创造价值——方法

价值评估

谁来评估价值——公正
评估哪些价值——公开
如何科学评估——公平

价值分配

分配给哪些价值点——对准
多少分配能放大价值点——激励
如何分配能持续价值点——连环

（1）经营管理的三件事

第一，价值创造。

企业成立的首要任务就是创造价值，只有完成价值创造，企业才能够活下来，才能有以后更多的可能性。而在价值创造中，由谁创造价值非常重要，要将分工明确下来。

第二，价值评估。

创造完价值之后，我们要明白这个人创造价值的质量如何，数量如何，到不到位，要对他及他所创造的价值进行一个合理客观的评估。

第三，价值分配。

根据之前的价值评估，进行价值分配。你要给有功者分钱，给他绩效奖励，给他一些股份。而这一系列的奖励，就是为了让他再一次实现更好的价值创造。

一个企业就是做这三件事——价值创造、价值评估以及价值分配。企业只有不断地创造价值，进行价值评估，并且分配给创造价值的人，才会真正地不停运转。

如果一个企业的员工无法创造价值，那么这个企业就没有战斗力。如果一个企业不能正确地评估员工所创造的价值，那么人员就会出现流失。如果一个企业不学会合理分配价值，那么就没有人愿意参与企业的奋斗。

我们一定要明白是谁创造了价值。谁创造了最大价值，谁就拥有公司最大的话语权。

在传统企业里，销售部永远是所有部门里的老大，基本上所有人的工资都是靠销售部的业绩来支撑的。

而在电商行业里，我们最重要的价值创造者就是美工、推广、客服。是他们让我们实现了产品卖得更好，价格卖得更高，是他们给公司创造了最大价值。

美工创造的价值就是实现高点击、高转化；推广创造的价值就是实现产品低成本地宣传扩张；客服创造的价值就是询单转化率的提升，以及对老客户的维护。

在企业中，每个岗位都创造了相应的价值，比如打包、发货这些岗位也有他的价值点存在。如果一个岗位创造不了价值，那它就根本不需要存在。

（2）没有形成方法论的价值，都不是持续的、有效的价值

这是被很多老板忽略的问题。比如你的美工创造了价值，但你不知道这个价值是怎么创造出来的，这说明你的美工只是创造了浅层的价值。他只给了你结果，而没有形成方法论。凡是没有形成方法论的价值，都不是持续的、有效的价值。

你要问你的美工："你是怎么做出高点击率的图片的？""你有没有高点击主图的方法论，比如第一步做什么，第二步做什么，第三步做什么？"

如果他能讲出整套的方法论，说明他是能真正创造价值的人。他所积累的工作经验可以被复制，这才是最大的价值。如果一个员工积累的工作经验无法形成方法论，或是形成的方法论根本不能复制，只有他一个人能做，那么这个岗位就没有多大意义。因为你离了他不行，他是不可替代的人。

你还应该多问问你的运营："你打爆款的方法是什么？能不能让第二个人学会？"

如果员工不能创造出有价值的方法论，说明他永远都只能是个员工，而不能成为一个骨干。在后面讲骨干的章节中会提到，骨干最核心的一个特点就是他能够形成方法论。凡是不能形成方法论的员工都不能成为骨干，他只能是一个员工。只有形成方法论，才可以带人，才有可能组建出一个团队，才有可能成为骨干。

方法论一定要在企业里面沉淀下来，我常常和第六、第七层级的卖家说：你的企业一定要有自己的企业大学。在企业中要有讲师，可以给员工做培训，让你的方法论沉淀下来。

（3）由谁来评估价值非常重要

价值评估要由谁来做呢？

需要评估哪些价值呢？

哪些价值点是最值得被评估的呢？

工资不害怕拿得少，就怕拿得不公平，所谓不患寡而患不均。如果你的评估体系出了问题，那你就会失去民心。如果你的评估做得不合理，你的公信力就会下降，会导致人心的涣散。绩效能不能有好的成效，价值评估这个环节十分重要。评估价值的时候一定要公正，要选择一个公正、有公信力的人，评估价值的时候一定是公开的，看不到的价值就没有价值。科学的评估，需要我们有一个公平的机制。

（4）只有把钱分出去，人心才会凝聚起来

作为一个老板，如果你不会分钱，那你就很可能会把自己累死。只有把钱分出去，人心才会凝聚起来，有凝聚力的团队才能创造更多的钱。

分钱最容易分出矛盾。钱要分给哪些人，要分配多少钱才能够放大价值，都需要经过考量。最重要的是这个分配能不能激励员工继续创造价值。如果不能，这个分配就是无用的，是一次性的，是不能进行价值的再创造的。

绩效的目的就是让员工拥有持续的动力，不断地创造价值。不仅要让他做得比以前更多，还要能够让他的动力更持续。这就是我们不断去做绩效的原因。

3. 好绩效的标准

绩效高一点还是低一点？
按销售额做绩效还是按利润做绩效？
绩效长期好还是短期好？
是不是工资高就一定有动力？
有没有不给钱也很有动力的人？
绩效太给力会不会亏钱？
是不是设置了绩效就万事大吉？

（1）什么样的绩效才是好绩效

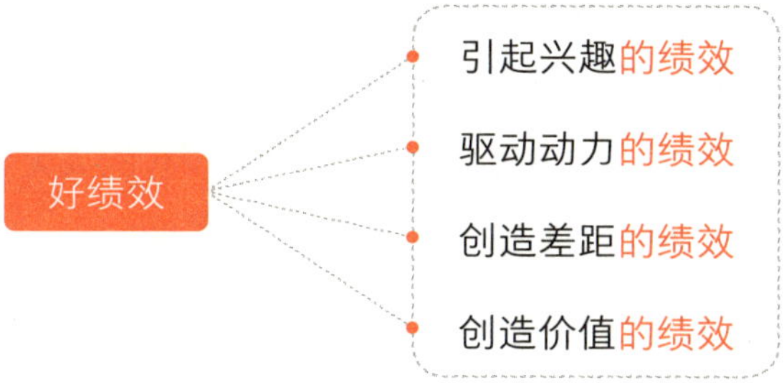

第一，引起兴趣的绩效才是好绩效。

做绩效一定要能够引起员工的兴趣，这就是我们所说的“以贪治懒”。绩效奖励对员工有没有吸引力十分重要。比如你公司的客服是个拆二代，光拆迁房的补偿就有 1000 万元，你给他 1 万元奖金来做绩效，根本就起不到效果。为什么？因为他不感兴趣。

作为老板，你要去测试员工的兴趣点到底在什么地方，他到底贪什么？可能你会发现这个员工虽然是个拆二代，但他活得很孤独，他希望得到父母的认可，不想让别人觉得他在啃老，他想独立，想实现自我价值。这就是他的兴趣点，也是他人生的成长点。了解这些情况之后，你在做绩效时就不是单纯地给他一点奖金，而是要让他能够发挥自己的价值，这才是最重要的。

第二，驱动动力的绩效才是好绩效。

找到员工的“贪点”之后，设置的绩效要能够驱动员工的动力，让团队的战斗力变得更强。如果绩效奖励设置得太高，奖金超过了员工所带来的价值，公司就会亏损。另外，绩效一般只能增，不能减，如果你一开始就把绩效的奖励定得很高，一旦你降低这个奖励，员工就会心存不满。如果绩效奖励设置得太低，那员工根本就不感冒，他肯定就没有动力。

第三，创造差距的绩效才是好绩效。

如果你把绩效奖励都设置在同一水平，所有人拿的都一样，没有产生差距，那就不是一个好绩效。比如发货，有的人发得慢一点，有的人发得快一点，有的人发得多一点，有的人发得少一点，但是他们最后却拿了一样的绩效奖励，那就会让人产生不满。而如果你设置了差距，但这个差距不够大，那也产生不了效果。员工会想：凭什么我这么努力，而某人天天摸鱼，我们的奖金只差个两三百？没有差距，动力就会大打折扣。一个人奋斗的目的是希望与别人不同，如果他努力奋斗了还是和别人一样，那他干嘛要去奋斗呢？绩效是用大多数人的钱去奖励少数人，这也是我们在第一章讲到的不公平机制。因此，能创造差距的绩效才是好绩效。

第四，创造价值的绩效才是好绩效。

绩效一定要能够产生价值，如果你的绩效产生不了价值，那就不是一个好绩效，你只是在做无用功。如果你的员工拿到绩效奖励，但他却没能创造出实际价值，那这个绩效就是失败的。因此，绩效标准的设定十分重要，需要各位老板仔细考量。

（2）绩效设立的四个要素

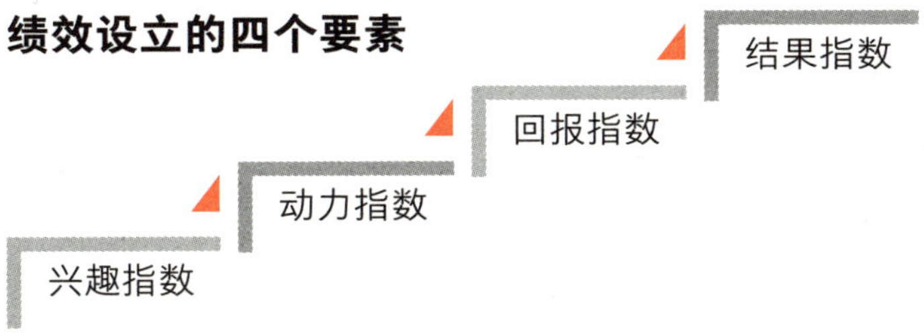

在设定绩效的时候，要考虑四个要素：兴趣指数、动力指数、回报指数以及结果指数。这四个指数分别指：员工是否对绩效感兴趣？绩效是否能对员工产生动力？员工完成绩效的回报是否有差距？绩效是否产生实际有效的结果？

对照一下，你就可以发现自己公司绩效设立的问题所在。

> 绩效是分现在的钱为未来创造更多的钱。绩效是拿多数人的钱分给少数人。绩效是把够得到的钱分给踮脚尖的人。绩效不是会计账，而是投资账。
>
> ——大圣老师

绩效不是会计账，而是一笔投资账，是分现在的钱为未来创造更多的钱，最终是为了实现价值创造。如果你没有把握让员工未来能够创造出价值，你就不要做这个绩效。

之所以把钱分给员工做价值分配，是为了发挥他的更多能量，创造更多的价值。因此，绩效本质上分的是未来的钱，就是为未来创造更多的钱。作为老板，不要有“我们在把现在的钱分给别人，很舍不得”的心态。

做绩效首先要确保这个钱能分得出去，员工是可以通过努力得到的。绩效是把够得着的钱，分给踮脚尖的人。绩效做太高了没有用，员工很难达到，如果全公司都没人能达到，这个绩效就没有意义了。那种让员工踮一踮脚、努力一下就能够得到的绩效，才是好绩效。让努力的人在能力允许范围之内能拿到，这个绩效就是非常好的绩效，否则你的价值分配就是无效的。

许多老板做绩效的时候算得特别精明，做多少绩效能得到多少回报，锱铢必较。那应不应该算呢？非常应该，不然你就亏钱了。

但是你非要让自己赚钱才去做这个绩效，稍微有一点吃亏你就不愿意，那么说明你在算会计账，还没明白绩效其实是笔投资账的道理。你现在可能会亏一点钱，但以后员工会给你赚更多的钱。很多老板羡慕别的公司员工战斗力很强，但自己就是舍不得做绩效，舍不得分钱，舍不得做激励。没有绩效的公司，就是一架没有燃料的机器。

4. “狼性文化”都是假的

老板总是希望自己的团队变成“嗷嗷叫”的团队，于是去听了许多的课程，比如铁腕治理、拼命让员工执行任务的“狼性文化”课程。其实很多老板按照“狼性文化”改造公司之后，根本没有把公司做起来，甚至会让公司死掉。

为什么呢？因为世界上根本不存在什么“狼性文化”。

也许你会说，大公司都在主张“狼性文化”。华为、阿里巴巴、腾讯这些大公司都在采用“狼性文化”，腾讯的员工每天晚上 10 点钟还不下班，这些不都是“狼性文化”吗？

首先你要明白一点，他们都是大公司。

大公司的薪资待遇都是很高的，战斗力强的员工都是被高薪给激励出来的。大公司分出去的是“肉”，于是让员工变成了“狼”。如果你分出去的是“草”，那么员工只能是“羊”。

想养成“狼性”的团队，你的绩效一定要给力，要给员工高薪。找到人的贪念，不断地进行激励，才能把这个人变成一匹“狼”。知道这匹“狼”想吃“肉”，就给他一个大块的“肉”，他就会变得非常有战斗力。知道这个员工非常爱惜自己的名声，你就不断地给他名誉、声望，让他在公司成为一个特别有影响力的员工，那他就会为了维护这种荣誉感而变得非常有战斗力。

一个公司没有绩效，就没有战斗力。所有的战斗力不是“硬管”出来的，也不是“铁腕治理”出来的，而是靠你的激励给激励出来的。“老板不狠，公司不稳”是错误的认识。你的激励做得不到位，才导致公司的员工没有战斗力。

绩效一定要能够产生价值。既能为员工创造价值，又能为企业创造价值的绩效，就是一个非常好的绩效。

PERFOR-
MANCE

二、绩效的设计重点

1. 绩效的动力飞轮

前面我们讲了，做绩效最重要的是要能够产生动力。而动力有六个飞轮，好的绩效能让这六个飞轮都转动起来。

绩效的动力飞轮

牵引	有没有足够的吸引力?
意义	有没有除工作之外的价值?
难度	能不能做到?
机制	绩效规划是否清晰?
回报	是否有成效?
匹配	性格、能力和工作是否匹配?

（1）牵引

绩效的吸引力够不够，能不能对员工产生牵引力？这就是我们一直强调的，要“以贪治懒”，找到员工心中的“贪婪之地”，才能将他心中懒散的小人给牢牢关住。如果你的绩效吸引力不足，员工就会没有动力，仍旧懒散懈怠。

（2）意义

除了工资奖金以外，你的绩效还有没有别的意义，可以让员工的自我价值得以实现？如果没有别的意义，员工就会觉得这点奖金也没那么重要，可能下班陪女朋友更重要。你要让员工知道工作的附加价值是什么，知道绩效的意义是什么。

（3）难度

绩效的标准能不能达到？如果难度太大，员工根本就做不到，那么再大的吸引力也没有用。做绩效时，目标要让员工踮一下脚就能够得到，努力一下就能够达到。能达到的目标，才有存在的意义，否则就是一个空想。

（4）机制

绩效的奖金是多少？绩效的时效有多久？多久能够见效？你要把绩效规划给员工说清楚，如果你讲得不清不楚，员工就会有保留。

（5）回报

这个绩效对公司产生什么成效，是否值得奋力一搏？不能产生成效的绩效，就是一个失败的绩效。做绩效前预估一下，你的回报是否给力，是否能产生成效。

（6）匹配

每个人的天赋不同，有的人擅长演讲，有的人擅长执行，有的人擅长实施，有的人擅长细节。员工的性格、能力和他的工作是不是匹配？这很重要，否则即使他很想奋力一搏，也没有用。

以上就是绩效动力飞轮的六个组成部分。如果绩效没有产生动力，那一定是你没有把动力飞轮的轮子给转起来。一定有哪些地方是缺失的，绩效才会没用。

有时候按动力飞轮设计完绩效后，员工还是会出现没有动力的情况。这是因为绩效与动力有一个周期，你必须了解一个绩效的周期是什么。

2. 绩效的动力周期

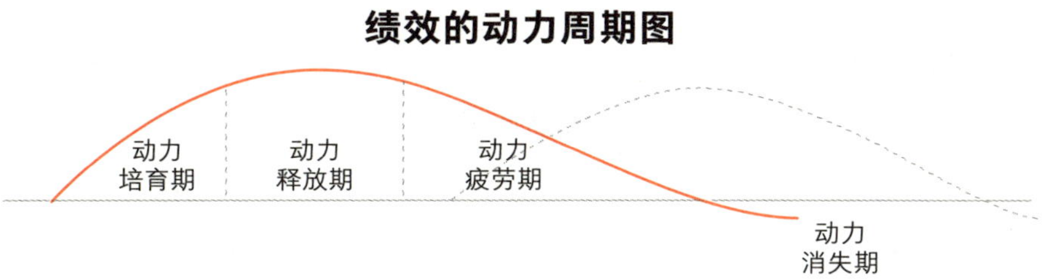

我们先看一下动力周期图，然后思考一个问题：人可不可能永远有动力？

答案是不可能的。人是有情绪的动物，有喜怒哀乐，有七情六欲。所以说人的动力是浮动的，而不是固定的。记住，没有一种绩效是可以长期有效的。

制定绩效之前，需要对动力的周期有很好的理解。我们把一个人的动力分成四个时期。

第一个阶段叫动力培育期。人没有动力的时候，你要学会培育他的动力。当你的员工都很低潮、没有什么动力的时候，你要进行动力释放。这时就进入第二个阶段——动力释放期。而动力释放到一定阶段时，机器就运转不动了，它会疲劳，于是进入了动力疲劳期。在疲劳期的线以下动力就消失了，就是动力消失期。

（1）动力的培育期

在动力的第一个阶段，你应该怎么培育员工的动力呢？

首先你要“测人”，看看这个员工到底是属于什么性格的。你要知道这个人到底对什么有兴趣，怎样能够刺激到他。

接下来你再针对性地制定单一的绩效指标去培养他，这个绩效一定不要定得太高。如果你告诉一个人登上珠穆朗玛峰才能够吃饱饭，那么他肯定会直接放弃。

人的动力都是一点一点被激励起来的，就像打游戏通关一样。游戏中，往往第一关很容易就能通过，之后每一关的难度都在逐渐上升。最开始人会非常容易积累自信心，没有动力、没有欲望的人也会“上钩”。

你的美工没动力，你需要培养他。你告诉他：只要把这个宝贝的转化率从2%提高到3%，你就可以有2000块钱的奖金；如果你做到4%，就可以拿4000块钱的奖金；做到5%，就给你8000块钱的奖金。这个绩效期限就是三个月，三个月之内才有效。这样你的美工既能努力一把达到你的基本目标，还有更足的动力去冲刺更高的奖励。

在动力培育期，一定要把你的绩效做成短绩效，千万不要做永久性的绩效。

你根本不知道这个人的潜力在哪里，你也不知道这个人对绩效的反应是什么样，一下子设置长期绩效，没有产生作用你就亏钱了。

大家一定要记住，所有的绩效都必须要有时间限制。

最长的绩效期限是一年，一年之后就要进行调整。培育期间一定要用临时绩效，一定要简单，不要复杂。单一的指标可以考验员工的潜力，你会知道他在这一个点上能够发挥的最大价值是多少。在难度系数上要先易后难，不要太复杂。

如果员工不知道怎么做，你要培养他。比如你的美工不知道怎么做出高点击率的图，你要教他，让他建立图片库。让他看 500 张高点击率的图，让他去临摹，慢慢地他就会进步。你去培育他，他就会很感激你，会更加尽心地为你工作。

在动力培育期，你发现了员工的潜力，并且在这个点上做了绩效。员工发现自己只要奋斗就能拿到钱，慢慢就会形成一个惯性，动力的轮子就转起来了。

在这个过程中一定要先测人——测人的兴趣点、欲望和贪念。当你把一个员工的工资从 5000 元涨到 8000 元，他就会努力地不让工资掉下去，因为人都特别害怕失去。这种“恨失”的心理会导致他必须不断奋斗，动力就不会轻易地下滑。

（2）动力的释放期

员工的动力被培养起来之后，你会发现慢慢地，他的动力跟不上公司的成长。这个员工有能力，对自己也有信心，也有欲望，想努力拿到高工资。这个时候，你要学会给员工增加工作量。注意，这个增加的工作应该是“集中性的同类工作”。

比如在这个阶段，你发现美工能够把宝贝的点击转换率从 1% 做到 4%。你要鼓励他：你非常擅长干这件事，我觉得你很有天赋，以后你就是公司的专家。然后给他贴个标签，比如叫“高点击率设计专家”。以后图片的高点击工作都交给他，他的工作量会变得很大。

你要让他认识到自己在上一阶段已经成长了，需要重新定一个绩效。他之前一直是做一个宝贝的点击率，现在增加到十个宝贝，每个宝贝的点击率都提升一个点，那么他的绩效是多少，而提升两个点又是多少。给他一个集中性的任务，让他通过这个集中性的任务沉淀方法论。

最重要的是把整个项目交给他负责，让他能够独当一面，从一个普通员工变成一个小小的骨干。

这样，公司就形成了项目负责制。有人专门负责点击率，有人专门负责转化率，有人专门负责文案，有人专门负责直通车。员工有专项的能力，绩效的奖金可以根据不同的项目和门槛来定。此外，一定要让你的员工沉淀方法论。

接下来绩效难度也需要增加，当然要适度增加。以前美工的难度系数是将点击率从 2% 优化到 3%，就可以拿到 2000 元的奖金。现在这个图片本来的点击率就可以做到 3%，同行都做到 3% 了，那美工就要在这个阶段超出同行。只有图片的点击率超过同行一个点，美工才会有 2000 元的绩效奖励。

在上一个阶段，员工经过利益驱动变成了勇士。变成勇士之后，你要给他加个标签，给你的员工戴高帽子，让他名利双收。比如说，你就是“爆款小王子”，你就是“金牌客服”，你就是客服的“话术之王”，你就是售后的“差评解决之王”，等等。给他加个标签，颁一个证书，人在有名誉之后会主动维护自己的名誉，高帽子戴起来就摘不下来了。

所以在这个阶段，你集中同类的事情给员工做，提高难度系数，再给员工戴上“高帽子”，让员工名利双收。让他对某一个事情建立高度的自信心，那他干起活来就非常有动力。这个阶段的动力释放既有方法论，又有具体的效果。怎么证明这个阶段的绩效非常有成效呢？

你要看他能不能给别人培训。比如培训怎么做高点击图片，培训怎么把话说好，培训怎么选款，培训怎么打爆款。

根据具体的事情，大概 3 到 6 个月他就会疲劳，进入动力的疲劳期。

（3）动力的疲劳期

员工进入疲劳期的时候，你要学会唤醒他的动力，也就是在原有绩效的基础之上，对他进行动力的重新唤醒。比如，员工把点击率做得很高后，你就把这个绩效作为长期绩效。从这里开始，临时绩效就变成项目绩效。

接下来你要给他做新的绩效叠加，就是让员工干别的事，不能让他只干一件事了。你要告诉员工，你现在已经是一个核心人才了，公司要把你提升为预备干部。而干部跟员工的最大区别就是：员工只会干一件事，而干部可以一人兼多件事。

比如，现在点击率已经没问题了，接下来让员工主攻的就是高转化。公司要把员工打造成一个全面的视觉总监，从点击到转化都要会运作。员工要能处理点击和转化两件事，而且都有绩效。

注意，新增的绩效必须也是临时绩效，要先测试员工的潜力。绩效时间可以是三个月，并且是高绩效。你要告诉员工，他能做到，就能得到丰厚的奖励。你会发现员工一旦有新的绩效目标，动力就更足了。

在难度系数上，要让原来的绩效难度更大，而新的绩效一定要很简单。要刺激员工，让他能尝到甜头。就像玩游戏通关一样，玩家一开始体验得很好，才会继续玩下去。其实新旧两个绩效加起来的难度系数，相当于三个普通绩效的难度系数了。

这个时候的员工，就从一个勇士变成一个勇将。他多线作战，名利双收，同时成为预备干部。你要告诉他，他就是你未来的合伙人、未来的高层，要他学会带团队，要他学会干多件事。如果员工未来要管很多人，那就不能只干一件事，每一个岗位的工作都要熟悉。

在这个阶段，对员工的激励不仅是名驱、利驱、权驱，还要进行情驱。老板和员工的关系要走得更近，要学会给一些关怀和指导，要不断地进行沟通和相处。

如果在动力疲劳期，你放任不管，没有去唤醒他的动力，那么他的动力就会逐渐消失，进入动力消失期。

在你理解了绩效与动力的周期后，你的绩效做起来就不会差。只有知道你的员工处于什么阶段，才能做好绩效，否则你的绩效就是一种死绩效。

（4）长期绩效必须建立在测试的基础之上

> 人的动力受很多因素影响，因此是多变的，没有一种绩效方式可以一劳永逸。长期绩效必须建立在测试的基础上，测试出有效的绩效则可长期使用，但是每年要进行微调。未经测试就把绩效做成长期化，那只能是一种死绩效。
>
> ——大圣老师

长期绩效必须建立在测试的基础之上。测试有效的绩效，才可以长期使用，但是每年也要进行微调。如果没有经过测试，就把绩效做成长期化，那么你的损失会很大，比如你会亏，或者员工不适合这个岗位，或者员工对这个绩效的感觉不强，等等。

所以，做绩效首先要测试，先易后难。如果一个绩效结束之后，你又做了一个绩效，但员工反应一般，那说明他对这个绩效不感兴趣，你需要重新进行测试。

（5）员工的动力如何保持得长久一些

老人做新事

新人做老事

老员工如果做一件事做得枯燥了，你要给他安排点新事做。老员工把沉淀的方法论传给新员工后，你让新员工去做老事。有了方法论，这个新人做事就不会出太大的乱子。

老人做新事，新人做老事，就可以让你的公司变得更有活力。所以你要鼓励内部员工的轮岗，比如让你的美工适当地去做一下运营，让你的客服可以转岗做美工，等等。

3. 绩效的价值

绩效的价值

全员没有战斗力	❶ 开启动力，激励员工
全员培养战斗力	❷ 创造氛围，立言立信
全员凝聚战斗力	❸ 发掘骨干，测试潜力
全员释放战斗力	❹ 达成结果，创造价值

绩效真的很重要，它在不同的阶段有不同的价值。

当全员没有战斗力的时候，绩效可以开启动力。在这个阶段，你不要看绩效能不能让你赚钱，而是看它到底能不能激发员工的动力。你只要做成短绩效，就不会亏多少钱，而且能激发员工的动力，增强员工的自信心。

当你想要培养全员战斗力的时候，你要创造氛围。你要和全公司的人讲：我们的绩效时间就是三个月，你们要赶快动起来。如果三个月之内员工不动，那说明这个员工没有欲望。

我们可以开个绩效启动仪式，要有仪式感。要立言立信，说出的话要靠谱，一定要在三个月后兑现。不管这个计划你做得合不合理，你也一定要说话算话，哪怕亏本你也要兑现。

绩效还可以发掘骨干，发掘那些能够形成方法论的人，测出员工的潜力。这个时候你凝聚出战斗力了，你的骨干就出来了，甚至团队的核心思想、核心技术都出来了。最后就是要达成结果，创造价值，释放出全员战斗力。

下面四个问题，请你思考：

你的绩效分阶段了吗?

你的员工是在培育期、释放期，还是在疲劳期?

你有没有通过绩效测出有潜力的员工?

你的绩效是“以贪治懒”的吗?

PERFOR-
MANCE

三、绩效设计的标准工程

我们知道了绩效的本质和动力的四个阶段，那么绩效到底应该怎么具体设计呢？

单一方面的测试性绩效，可以作为临时绩效。但如果你的团队已经发展到 50~100 人，你想把这个绩效变成公司的长期绩效，变成一个体系化的绩效，那么你的绩效就需要非常合理、非常多元化了。针对低、中、高不同层次的员工，绩效的要求和标准也不同。这个时候，你需要对绩效的整体设计逻辑有一个基本的认知。

绩效设计的“天龙八步工程”就是针对绩效设计的具体实施而总结的方法论，希望能够帮助大家把具体、有效、可实施的绩效落地。

绩效设计的“天龙八步工程”

第一步：战略解码。要有合理的战略布局，在战略的框架下谈绩

效才有意义。

第二步：目标设定。战略解码完成之后，我们就开始做目标设定，到底每个岗位要完成多少工作任务。

第三步：任务分解。任务到底要给谁来做，要怎么完成。

第四步：绩效核算。我们到底拿出多少钱来做绩效。

第五步：绩效匹配。我们的钱匹配给哪些岗位。

第六步：绩效辅导。我们怎样帮助员工更加快速、优质地完成绩效任务。

第七步：流程管控。要确保整个流程不偏离最终目标，以及对风险进行管控。

第八步：绩效评定。对绩效的结果进行评定。

此外，在做绩效的过程中，还有两个重要的基石。

第一个是岗位任职标准。要让员工知道自己的岗位职责是什么。我们常常发现，在做绩效的过程中容易出现扯皮的现象。比如没有及时发货时，发货员会说是因为工厂没来货，包装没包装好，等等。一个岗位的绩效有可能会受到别人的干扰。

所以岗位的任职标准要制定出来，比如哪些东西可以量化，哪些东西可以固化。

第二个是关键指标绩效标准。关键的绩效指标要做出来。每个岗位的价值点是什么？这个岗位能创造什么价值，就在哪里做绩效。你想解决什么问题，你就在哪里做绩效。

（1）战略解码

如果你想让你的企业变得更优秀，就一定要给企业做个年度规划。有一个电商老板就做了这样一个年度规划表。

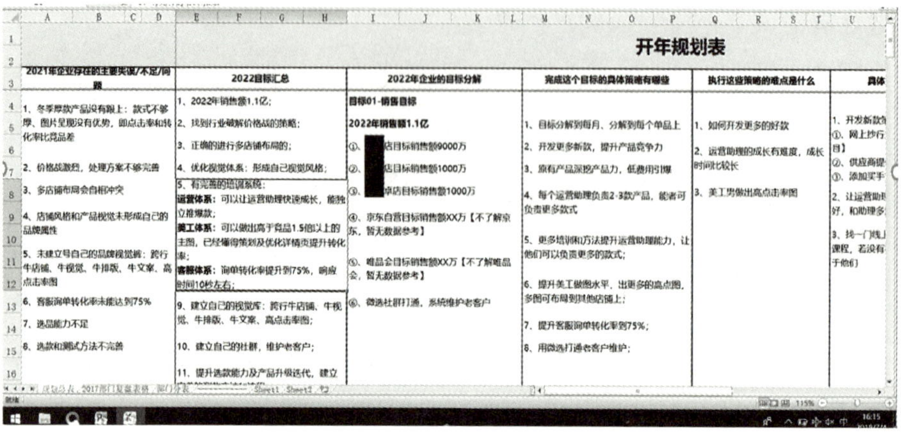

开年规划表

2021年企业存在的主要失误/不足/问题	2022目标汇总	2022年企业的目标分解	完成这个目标的具体策略有哪些	执行这些策略的难点是什么	具体
1、冬季厚款产品没有跟上：款式不够厚、图片呈现没有优势，即点击率和转化率比竞品差 2、价格战激烈，处理方案不够完善 3、多店铺布局会自相冲突 4、店铺风格和产品视觉未形成自己的品牌属性 5、未建立号自己的品牌视觉裤：跨行牛店铺、牛视觉、牛排版、牛文案、高点击率图 6、客服询单转化率未能达到75% 7、选品能力不足 8、选款和测试方法不完善	1、2022年销售额1.1亿； 2、找到行业破解价格战的策略； 3、正确的进行多店铺布局的； 4、优化视觉体系：形成自己视觉风格； 5、有完善的培训系统： **运营体系：**可以让运营助理快速成长，能独立推爆款； **美工体系：**可以做出高于竞品1.5倍以上的主图，已经懂得策划及优化详情页提升转化率； **客服体系：**询单转化率提升到75%，响应时间10秒左右； 9、建立自己的视觉库：跨行牛店铺、牛视觉、牛排版、牛文案、高点击率图； 10、建立自己的社群，维护老客户； 11、提升选款能力及产品升级迭代，建立	**目标01-销售目标** **2022年销售额1.1亿** ①、[redacted]店目标销售额9000万 ②、[redacted]店目标销售额1000万 ③、[redacted]卓店目标销售额1000万 ④、京东自营目标销售额XX万【不了解京东，暂无数据参考】 ⑤、唯品会目标销售额XX万【不了解唯品会，暂无数据参考】 ⑥、微选社群打通，系统维护老客户	1、目标分解到每月、分解到每个单品上 2、开发更多新款，提升产品竞争力 3、原有产品深挖产品力，低费用引爆 4、每个运营助理负责2-3款产品，能者可负责更多款式 5、更多培训和方法提升运营助理能力，让他们可以负责更多的款式； 6、提升美工做图水平，出更多的高点图，多图可布局到其他店铺上； 7、提升客服询单转化率到75%； 8、用微选打通老客户维护；	1、如何开发更多的好款 2、运营助理的成长有难度，成长时间比较长 3、美工男做出高点击率图	1、开发新款 ①、网上抄行 目】 ②、供应商提 ③、添加买手 2、让运营助 好，和助理多 3、找一门线 课程，若没有 于他们

规划表列出了2021年企业存在的问题：

第一，冬季的厚款产品没有跟上，还是不够。图片没有呈现优势，点击转化率都比竞品要差很多。第二，价格战竞争激烈，处理的方式不是特别完善，不知道怎么应对价格战。第三，多店铺的布局会相互冲突，不知道怎么错开这个布局。第四，店铺的风格和产品视觉没有形成自己的属性，也没有形成自己的品牌和记忆点。第五，没有建立自己企业的视觉库和文案库，美工做图的时候总是找不出好的素材来模仿。第六，客户询单转化率才达到75%。第七，选品能力还是不足，不知道怎么选品。第八，选款和测款的方法不完善。

该电商老板给2022年定了目标。

2022年的战略目标是什么？第一，我们销售额要完成1.1亿元；第二，要找到行业价格战的破解策略；第三，要正确地规划店铺布局，要错开店铺；第四，要优化我们的视觉，形成自己的风格；等等。

接下来他开始做目标的分解：

我们今年目标要做1.1个亿，现在我们有三个店、两个平台，要怎么做？主店我们做9000万，剩下两个店各做1000万，然后京东如何，唯品会如何；需要什么措施，怎么执行这些措施；第一个措施要怎么做，第二个怎么做，等等。

执行这些措施有什么难点？我们怎么解决难点？解决完难点之后还会存在什么样的障碍和风险？最后我们完成这个东西有什么奖励？

这就是一个非常完整的年度规划表。

年度规划表的内容包括："你的目标是什么""怎么完成这个目标""完成这个目标会存在什么问题""怎么解决这个问题""在解决问题当中会有哪些解决不了的可能性""怎么解决这些潜在的风险""最后完成之后形成的绩效是什么"。

如果你仅仅是定个目标，说明年准备做4000万元，那根本不叫年度规划。因为你根本不知道自己的失败点会在什么地方，没形成相应的方法论。在开年之初，你并不知道该做什么，也不知道从哪一点开始解决问题。

没有做过开年规划表的企业，就是只求发展没有沉淀的企业，只有销售额没有系统的企业。老板应该是一个系统思考者，可以按照节奏推进，可以按照资源规划，可以按照预期布局，可以推演未开始的事，可以预测未出现的困难，更可以在规划和实践的差距中沉淀企业家能力。这叫"站在山顶看路，退出画面看画"。

——大圣老师

没有做过年度规划、开年规划的老板，只有销售额的意识，而没有形成一个系统的企业价值观。

老板应该做一个系统的思考者。可以按照企业发展节奏来推进，可以按照企业资源来布局，可以推演未开始的事，可以预测会出现的困难，更可以在规划和实践的差距中沉淀企业家能力。

这叫“站在山顶看路，退出画面看画”。

假如你在这一年里已经在山顶上把每一条路都看完了，那你就知道哪条道路更好走。如果你只是在山腰上，你肯定不知道怎么走比较好。作为老板，一定要在山顶上把整个线路看一遍，才知道这一年的每个月该怎么做。

（2）目标设定

目标设定

2022 年净利润目标	100 万元
日均盈利目标	3340 元 / 日
平均每单净利润	10 元 / 件
日均发货量	334 件 / 日

举个例子，假如一个店我们的净利润目标是 100 万元。那么一天需要赚多少钱呢？

除去过年、开会等，一年能工作的日子大概有 300 天。所以一天需要赚 3340 元。如果每一件可以赚 10 元，那一天就需要发 334 件。

这时候目标已经明确地被拆分出来，即一天要做 334 件。经过推敲后的结果，就是我们设定的目标。

（3）任务分解

如何完成一天做 334 件的任务？通过多少种产品完成 334 件？如果店铺只有两种产品，那肯定完成不了 334 件，所以应该布局更多的产品。那布局什么产品？每一个产品应该卖多少件？这些都是需要思考的问题，叫任务分解。

具体该怎么任务分解呢？

首先就是产品规划。

表 3–1　产品规划

现有产品线	款数	日均单量标准
羽绒服	9	180 件 / 日
毛呢大衣	12	85 件 / 日
风衣	6	30 件 / 日
羊毛衫	11	33 件 / 日
连衣裙	11	28 件 / 日
牛仔裤	7	17 件 / 日
合计	56	373 件 / 日

注：任务分解出的总目标要高于计划目标的 1.1 倍。

盘点店铺的所有产品：羽绒服有 9 款；毛呢大衣有 12 款；风衣有 6 款等，加起来总共有 56 款。接下来通过统计得出，冬天卖得特别好的两种产品是羽绒服和毛呢大衣，可以卖 265 件，其他款加起来一共可以卖 373 件。你分解出的目标应该高于原来目标的 1.1 倍，这是一个弹性系数，让你更加有弹性地去应对计划的变化。所以先做排兵布局，了解到底有多少种产品。

然后我们做单品类分析。比如这 9 款羽绒服到底该怎么发，才能做到 180 件呢？

表 3-2　单品类规划（羽绒服）

单品类	型号	规划	单量分解
羽绒服	01251X	主力款	40 件 / 日
	01252X		55 件 / 日
	01253X	高利润款	20 件 / 日
	01254X		13 件 / 日
	01255X		18 件 / 日
	01256X	上新款	17 件 / 日
	01257X		8 件 / 日
	01258X	清仓款	21 件 / 日
	01259X		8 件 / 日
合计	9		200 件 / 日

注：任务分解出的总目标要高于计划目标的 1.1 倍。

你会发现，有些是主力款，有些是高利润款，有些是上新款，有些是清仓款。主力款的两款型号加起来可以发出去 95 件，剩下的几款加起来发出去 100 多件，总共加起来 200 件，高于原来的 180 件。将预估目标定得高一些，也是为了有弹性地去应对变化。当我们知道哪些是主力款时，就知道要把钱砸给哪款产品了。

知道主力款之后，我们接着做单品分析，比如在直通车上一天花多少钱才能完成这个目标。

表 3-3　单品规划（营销投入规划）

单品	单日目标量	入口	展现量（次）	点击率	转化率	单量
01251X	40 件 / 日	直通车 1000 元 / 日	40000	3%	2%	24 件
		钻展 500 元 / 日	10000	4%	1%	4 件
		免费流量端口	30000	3%	3%	27 件
		其他端口				
合计			80000			55 件

注：所有拆解目标要高于原目标标准。

直通车一天花 1000 元，有 4 万次的展现量，按 3% 的点击率和 2% 的转化率计算，一天发出去 24 件。钻展一天充 500 元有 10000 次的展现量，一天有 4 件。通过免费流量端口，大概一天可以有 24 件。总共加起来大概有 55 件。原来你的单款预计是 40 件，结果你算出来 55 件，设定目标高于基本目标，就是为了方便应对变化。就算你未来没有达到设定目标，那也不会差到哪儿去。算出来这些，你就知道每一个宝贝的点击率和转化率是多少。

在这个过程中，你可以让你的运营做个计划表：总营销预算是多少，第一周、第二周、第三周分别要做什么，花多少钱；钻展做多少，淘客做多少，自然搜索做多少；投单比是多少，ROI 是多少，CPC 是多少。

如果一个运营连计划都做不出来，那说明这个运营不合格。如果计划和具体实施的差距非常大，那说明这个运营对店铺运作的研究还不是特别深，说明他的运营能力还不是非常系统。你根据这个计划表，就能知道运营到底靠不靠谱。

（4）绩效核算

绩效核算示例

01251X 款每月净利润 =45 件 / 日 ×30 日 ×10 元 / 件 =13500 元。
净利润的 30% 用于奖励，即 4050 元。

01251X 款每月净利润 =60 件 / 日 ×30 日 ×10 元 / 件 =18000 元。
净利润的 30% 用于奖励，即 5400 元。

01251X 款每月净利润 =80 件 / 日 ×30 日 ×10 元 / 件 =24000 元。
净利润的 30% 用于奖励，即 7200 元。

如果我们一天能卖 45 件，每一件净赚 10 元，那么这一款一个月的净利润就是 13500 元，我们就可以拿 4050 元做奖励；如果一天能卖 60 件，那么一个月的净利润就是 18000 元，我们就可以拿 5400 元做奖励；如果一天卖到 80 单，我们可以把绩效奖励提到 7200 元。

总之，你要先做个核算，知道你的纯利是多少，该拿出多少钱来做绩效。

（5）绩效匹配

假如要拿出 2 万元做奖励，那该如何匹配到不同岗位呢？

表 3–4　绩效匹配示例

岗位	绩效基本要求	达标奖励	绩效增长线	达标奖励	规则
美工	01251X 单品 3% 点击率	1000 元	4%	2000 元	之后每增 1 个百分点即翻倍累计
	01251X 单品 4% 转化率	1000 元	5%	2000 元	之后每增 1 个百分点即翻倍累计

续表

岗位	绩效基本要求	达标奖励	绩效增长线	达标奖励	规则
推广	01251X 既定推广费 5 万元、月销 100 万元	2000 元	月销 150 万元	4000 元	
客服	01251X 询单转化率 80%	1000 元	询单转化率 85%	2000 元	每增加 1 个百分点奖金增加 500 元
店长	01251X 各指标达标	3000 元	每个指标达到增长线	增加 1000 元	150 万元以上月销售额，奖励净利润的 20%

以美工为例，他最少要做到 3% 的点击率和 4% 的转化率，如果他做到 3% 的点击率，就奖励 1000 元；如果做到 4% 的点击率，就奖励 2000 元；之后每增加 1 个百分点就翻倍，比如做到 5% 的点击率，就奖励 4000 元，做到 6% 的点击率，就奖励 8000 元。转化率也一样，以此类推。

推广也是一样。在推广费既定的情况下（比如有 5 万元推广费），做到了月销 100 万元，就奖励 2000 元；做到了月销 150 万元，就奖励 4000 元。

对客服的要求是询单转换率要做到 80%，达到这个基本目标就奖励 1000 元；达到 85%，就奖励 2000 元；之后每增加 1 个点就有 500 元的绩效奖金。

对店长不是单项指标要求，而是综合管理指标要求。如果每个指标都能够达标，就奖励 3000 元。之后每个指标达到增长线，就再奖励 1000 元。如果能做到超过 150 万元的月销售额，那么净利润的 20% 就给店长。

这就叫绩效的匹配，不同的岗位有不同的绩效匹配。

在绩效匹配的过程中，你一定要记住这个原则——SMART 原则。

工作标准的制定原则——SMART

S	具体的 • 目标设置要有项目、衡量标准、达成措施、完成期限以及资源要求
M	可以衡量的 • 目标的衡量标准遵循“能量化的量化，不能量化的质化” • 从数量、质量、成本、时间、上级或客户的满意程度来衡量
A	可以接受的 • 目标设置要坚持员工参与、上下左右沟通，组织及个人达成一致 • 既要使工作内容饱满，也要具有可达性
R	可实现的 • 分析达成目标所需要的条件 • 在现实条件下可行、可操作
T	明确的时间节点 • 明确目标实现的时间要求

第一个字母 S，表示具体的。目标设置一定要具体化。第二个字母 M，表示可以衡量的。如果不能衡量，也要尽量做到基本可描述、可量化。第三个字母 A，表示可以接受的。不能被接受的绩效没有任何意义。第四个字母 R，表示可实现的。第五个字母 T，表示明确的时间节点。

你一定要让员工努力一下就可以完成绩效，要有明确的时间节点。在做完绩效的核算之后，要制定出这套清晰的绩效匹配标准来。

（6）绩效辅导

绩效辅导

你能不能完成？优化方向是什么？	目标评估
你将怎么完成？	过程推演
你最快什么时间可以完成？	进度确认
你最迟什么时间可以完成？	进度风控
完成这个目标，你估计会遇到什么困难？	难点筛查
你将怎么解决这些困难？	能力评估
你大概几天汇报一次进度？	及时反馈
需要给你什么支持？	后援保障

绩效辅导就是了解员工能不能完成任务，并帮助他完成。如果你知道员工完不成任务还要给他定这个绩效，那这个绩效等于白做。绩效辅导时，你要问员工八个问题，如果这八个问题能得到员工的积极回应，那员工的执行力就会变得很强。

第一，你要问你的员工能不能完成。如果他说不能，你就继续问他：你今后优化的方向是什么？通过这个问题，你可以判断他的目标评估是否正确。只有方向正确了，后面的事情才能继续进行。

第二，你要问员工怎么完成。员工在向你讲述他如何完成任务的过程中，自然而然地要把整个事情推演一遍，这叫过程推演。通过推演，你就能知道员工对事情的评估和你的想法之间的偏差有多大，符不符合你的需求，有没有可能按照你的想法来完成这件事情。如果你发现他推演的过程和你想要的完全不一致，甚至最后的结论就是他完不成，那么这件事情肯定产生不了结果。

第三，你要问员工最快什么时间可以完成。通过这个问题，你可以判断员工的潜力有多大，并确认事情完成的进度。

第四，你继续问他：最迟什么时间可以完成？这样就能知道这个事情最大的风险点，以便提前控制风险。

第五，你要问员工完成这个目标会遇到什么困难。通过这个问题，员工就会把事情的所有风险都给你筛查出来，这就是难点筛查。

第六，你要问员工怎么解决这个困难。通过这个问题，你可以评估他的能力。在回答问题的过程中，他就开始想该怎么解决困难，就知道凭自己的能力能否完成这件事情。如果他不能解决，就要让他及时反馈。

第七，你要问员工多久向你汇报一次进度。假定他说两天，那你就让你的助理每两天问他一次，每两天去做一下评估。了解他到底做到什么进度，才方便你做 Plan B 的方案。

第八，你要问员工需要什么样的支持。通过这个问题，你就知道该怎么样做好后援和保障。

你只有问得这么具体，员工才能够把每一个事情推演得很完整，并且很科学地告诉你他是否能够完成这件事情。完成这八个提问之后，你对这件事的可控性就变得很强了，这个过程就是绩效的辅导。

（7）绩效管控

给员工做完绩效辅导，确保员工能完成之后，你就要进行绩效管控。

在事前，你要让员工清晰地推演整件事情，确定责任人、完成日期以及监督人。你可以让两个部门相互监督，或者专门派一个监督员来做这件事情。责任人和监督人挂钩，如果事情能完成，监督人也有奖励；如果完不成，会连带监督人受到惩罚。出于对别人的责任，很多人都会加倍努力。所以作为老板，需要找一个监督人员去管控，这样能够使你少操点心，只需要拿点钱出去做绩效。

绩效管控

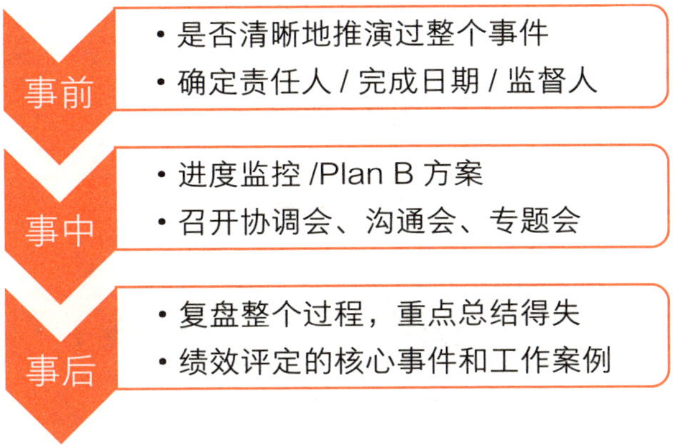

事中需要进行进度监控，你的助理要定期去每个部门巡视，看事情进展到什么程度了。如果完不成，就要有 Plan B 的方案；如果能完成，就按照既定方案来完成。在这个过程中一定会有偏差，不会像你规划的那么完美。所以在这个过程中，你要开协调会、沟通会、专题会。

事后要复盘整个过程，总结得失，要评定核心事件和工作案例。事情完成之后，要让员工写出具体的事件和工作案例，来证明他在其中的价值。工作案例其实就是在沉淀方法论，就是在做复盘。工作案例写完之后，在部门中或者周围同事中讨论，通过外界评估来完成事件的认定。

（8）绩效评定

绩效评定有两个标准：一个是结果，另一个是方法论。

前提是有没有达成结果，如果根本没达成结果，那谈何评定呢？所以从结果的角度，还分为达成结果和未达成结果。从方法论是否沉淀的角度，可分为有方法论沉淀和无方法论沉淀。

绩效评定

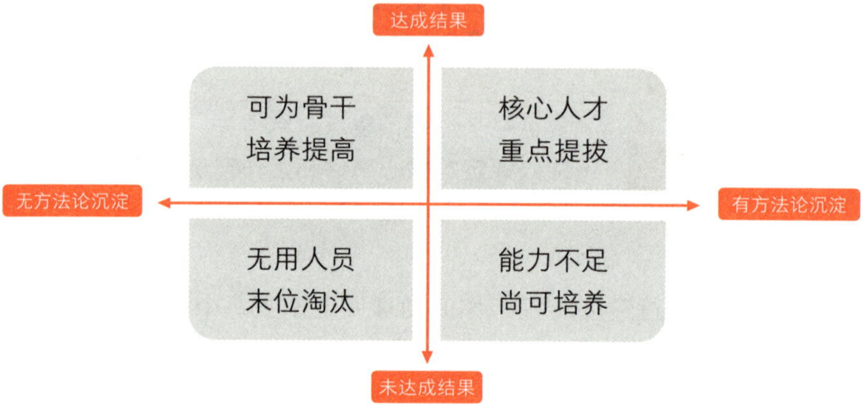

有没有方法论的沉淀，是指一个人做完一件事情有没有感悟，有没有成长。如果没有，那么这个员工只是你雇佣的一个人手，拿到工资就会离开，他不会感激你。但是如果你让员工发现他成长了，他会感激你让他做这件事情。所以有没有方法论的沉淀很重要。

如果一个员工达成结果，但没有方法论沉淀，这说明他的能力尚可，是一个能单一做事的骨干，可以继续培养他，让他学会总结方法论。

如果一个员工既能达成结果，又能沉淀方法论，那他就是核心人才，要重点提拔。他既具有单兵作战的能力，又有方法论沉淀，可以帮你复制人才，要把他当作提拔对象。

既没有达成结果，也没有沉淀方法论的员工，说明他在做无用功。这种员工就可以淘汰。

最后一种是虽然没有达成结果，但是能总结方法论的员工。他能总结出经验，吃一堑长一智，尚可培养。

通过绩效评定，员工被分成四类人，然后你就知道哪个员工该淘汰，哪个该提拔，哪个该培养，这样你的绩效管控就有了。

绩效可以帮你发掘骨干、培养人才，我们不是单纯地只为了做绩效。

（9）岗位任职标准

当你完全按照以上八个步骤做绩效时，你会发现在过程中总会出现扯皮的现象。

每一个岗位都会相互推卸责任，甚至有的员工会觉得你的绩效门槛设置得太高了，特别不合理，任务设置太多了。这个时候员工会产生一定的负面情绪，对绩效产生一大堆的质疑。

为什么会产生这种现象呢？这是因为很多企业都没有做过岗位任职标准说明书。

凡事都事先确定好，那就公平了，员工就不会产生意见。怎么样才能做到事先确定好呢？方法就是制定好岗位的任职标准，让岗位有明确的职责。

很多公司的岗位说明书是怎么做的呢？就是从网络上下载一些岗位说明书模板，再改一改，就变成自己公司的岗位说明书。这种岗位说明书脱离公司的实际情况，是不会被员工接受的。

那么，岗位说明书应该怎么制定，员工才愿意执行呢？这里给大家介绍一个“屡试屡爽”的方法，这个方法在很多公司应用的效果都特别好——让员工自己写岗位说明书。

员工自己写的工作内容才是他愿意干的，这就叫自我意识的觉醒。也有人担心，万一员工耍滑头，把工作内容定得特别少，把绩效标准定得特别低，怎么办呢？

如果想让你的员工更有格局，那就按照下面说的来做。

首先，和员工进行一次谈话：“公司准备下半年提拔你为主管，如果你表现好，就能成为公司的高层，成为合伙人。为了评估你目前对岗位的理解能力、对待下属的能力，以及岗位的管控能力，每一位干部候选人都需要填写一份问卷调查表。”问卷包含以下问题。

第一，你一天都做了哪些工作？主要的任务有哪些？

当员工意识到自己有机会升职时，他会尽量表现得自己特别有价值。他列出的事情会很多，以证明他很有价值。这些任务是他自己列的，相当于他自己制定的，那他自己就必须要完成。

第二，假如你是主管，你觉得什么类型的下属适合这个岗位？

这时，员工在心里会将自己放在主管的位置，格局就会提升。他会思考下属需要什么样的性格、什么样的价值观、什么样的能力、什么样的学历，等等。

第三，假如你是主管，你需要这个岗位发挥什么作用？

员工会换位思考，他会要求这个岗位主动汇报工作、自动自发工作、有创造力，等等。

第四，假如你是主管，你希望员工必须承担的职责是什么？

当员工把职责给定出来之后，以后如果他没有做到，那就必须承担后果，因为这是他认为的岗位必须承担的职责。

第五，假如你是主管，你怎么评判一个员工做得好与坏？

为了显示自己的水平，员工一般会将标准定得有一定的水平。这个标准就可以用来考核他自己，用他的标准来考核他，员工就不会产生抱怨。

第六，假如你是主管，你认为这个岗位的主要价值是什么？

员工会反思岗位的价值，以及怎么样才能让下属感觉到这个岗位有价值。在这个过程中他会自我觉醒，找到工作的价值。

第七，假如你是主管，你认为从小白到合格员工，培养的步骤是什么？

员工会把标准的工作流程写出来。其实这就相当于把他的工作经验写出来，把他的方法论沉淀下来。

第八，假如你是主管，你认为什么样的绩效可以激励下属？

站在主管的位置去思考这个问题，员工就会进行综合的考量，思想上会向你靠拢。

第九，在你目前的岗位上，你会留给下属什么纪录需要他们去打破？

这个问题也是在问员工：在这个岗位上，你什么做得最出色？你最大的闪光点是什么？员工会写出来他在工作中的最高纪录。

最后，根据员工的回答做一份岗位任职说明书，并告诉员工这是根据调研做的岗位任职说明书。然后给员工贴上标签，比如：××岗位任职说明书的发明人。

这样员工就会特别维护这个岗位任职说明书，因为这个岗位职责是他定的，他不能打自己的脸，也不希望任何人破坏，他就会在岗位上做出卓越的贡献。

给大家看两个案例，看看岗位说明书大概是什么样的。

比如美工的岗位说明书，内容要包括：美工应该具备什么样的能力？职责是什么？工作要点是什么？绩效标准是什么？价值点是什么？客服的岗位说明书同样如此。

美工编辑岗位说明书

<table>
<tr><td>岗位名称</td><td>美工</td><td>所在部门</td><td>美工部</td><td>直接上级</td><td>主管委员会</td><td>直接下级</td><td>技术部专员</td><td rowspan="4">绩效权重</td></tr>
<tr><td colspan="8">工作职责：图片拍摄、优化与平面设计等内容</td></tr>
<tr><td colspan="2">内部协作</td><td colspan="2">客服部、营销部</td><td colspan="2">外部协作</td><td colspan="2">渠道</td></tr>
<tr><td colspan="8">职责与工作内容</td></tr>
<tr><td rowspan="6">职责一</td><td colspan="7">网站商品图拍摄与商品文案的整合</td><td></td></tr>
<tr><td rowspan="5">工作内容</td><td colspan="6">1. 根据不同商品选择不同的布局、环境对商品实物进行拍摄</td><td>20%</td></tr>
<tr><td colspan="6">2. 根据不同商品结合营销部编写的文案，把商品实物图与针对性的文案结合，制作出具有较强竞争力的商品描述</td><td>20%</td></tr>
<tr><td colspan="6">3. 利用稳定性强的相册进行所拍摄图片的存储管理。做好相应的备份措施</td><td>3%</td></tr>
<tr><td colspan="6">4. 根据需要对商品图片进行一定的美化或者特效（如统一写好“促销”“新品上架”“清仓特卖”等字样，并附上水印）</td><td>2%</td></tr>
<tr><td colspan="6">5. 每星期整理职责一的工作汇报，上报给主管委员会</td><td>1.5%</td></tr>
<tr><td rowspan="5">职责二</td><td colspan="7">网站 VI 设计与印刷</td><td></td></tr>
<tr><td rowspan="4">工作内容</td><td colspan="6">1. 设计网站的名片、传单、海报等对外宣传材料</td><td>5%</td></tr>
<tr><td colspan="6">2. 设计网站网络活动的推广宣传活动图片</td><td>5%</td></tr>
<tr><td colspan="6">3. 负责网站宣传用品的印刷或者购置</td><td>5%</td></tr>
<tr><td colspan="6">4. 每星期整理职责二的工作汇报，上报给主管委员会</td><td>1.5%</td></tr>
<tr><td rowspan="4">职责三</td><td colspan="7">网站各种页面的构建设计与装修</td><td></td></tr>
<tr><td rowspan="3">工作内容</td><td colspan="6">1. 综合参考营销部的调研数据与自身设计理念，对网站各种页面和构建要表达的效果进行分析和描述</td><td>3%</td></tr>
<tr><td colspan="6">2. 根据分析出来的结果，利用淘宝软件及聘请专业网页设计师进行制作，并进行调试安装，最后对效果进行监督和测试</td><td>7%</td></tr>
<tr><td colspan="6">3. 每星期整理职责三的工作汇报，上报给主管委员会</td><td>1.5%</td></tr>
<tr><td rowspan="4">职责四</td><td colspan="7">网站各类活动的气氛营造和布置等工作（校园活动现场布置、体验店装修布置）</td><td></td></tr>
<tr><td rowspan="3">工作内容</td><td colspan="6">1. 协助校园推广团队进行校园活动现场的设计与布置</td><td>5%</td></tr>
<tr><td colspan="6">2. 综合体验点负责人与网站的要求，进行对体验点的装修（房间装饰、格子摆放效果、灯光投射等）</td><td>5%</td></tr>
<tr><td colspan="6">3. 每星期整理职责四的工作汇报，上报给主管委员会</td><td>1.5%</td></tr>
<tr><td rowspan="3">职责五</td><td colspan="7">反馈与考勤</td><td></td></tr>
<tr><td rowspan="2">工作内容</td><td colspan="6">1. 每星期向主管委员会以文档的形式汇报工作内容</td><td>4%</td></tr>
<tr><td colspan="6">2. 技术部不受时间的限制，但内部部门会议及主管委员会会议要进行考勤（迟到早退减 2 分 / 次，有效请假减 1 分 / 次）</td><td>10%</td></tr>
<tr><td>附加职责</td><td>工作内容</td><td colspan="6">根据网站最新需要与发展，网站会下发一些自愿性的任务。可按照兴趣来担任相关职务</td><td>+20%</td></tr>
<tr><td colspan="8">月底主管委员会根据说明书逐一进行打分，占 75%。美工根据说明书进行自我鉴定，占 25%</td><td></td></tr>
<tr><td colspan="9">工作时间：不限。在活动参与期间必须出勤。
工资制度：利润分配。
绩效制度：绩效分数在 65 分以下，绩效系数为 0.5。绩效分数达到 65 分（含 65 分），绩效系数为 1.0。绩效分数在 80 分以上（含 80 分），绩效系数为 1.2。绩效分数达到 95 分以上，绩效系数为 1.5，两个月低于 65 分辞退。
知识增值：技术部应在平时积极探讨网络零售、商品摄影等有关知识。</td></tr>
</table>

客服专员岗位说明书

<table>
<tr><td>岗位名称</td><td>客服</td><td>所在部门</td><td>客服部</td><td>直接上级</td><td>客服部主管</td><td>直接下级</td><td>无</td><td rowspan="4">绩效权重</td></tr>
<tr><td colspan="8">工作职责：完成客服部主管下达的各项客户服务任务，为客户提供满意的售前售后服务</td></tr>
<tr><td colspan="2">内部协作</td><td colspan="2">发货部、营销部</td><td colspan="2">外部协作</td><td colspan="2">外部客户</td></tr>
<tr><td colspan="8">职责与工作内容</td></tr>
<tr><td rowspan="4">职责一</td><td colspan="7">处理网站客人售前咨询，引导其完成交易</td><td></td></tr>
<tr><td rowspan="3">工作内容</td><td colspan="6">1. 严格按照售前流程表引导顾客完成咨询、购买（介绍内容占 5%，地址确认占 5%，评价提醒占 5%）</td><td>15%</td></tr>
<tr><td colspan="6">2. 对于咨询购买的客人，接手客服帮其查询快递事项。没有咨询自动购买的客人，以值班时间为准帮其查询，并标注旗帜说明</td><td>10%</td></tr>
<tr><td colspan="6">3. 整理和分析交易过程中发现的问题（如商品描述不符、邮费设置有误等），反馈给客服部主管</td><td>1.5%</td></tr>
<tr><td rowspan="6">职责二</td><td colspan="7">实行顾客问责制，处理网站客人有关售后的问题</td><td></td></tr>
<tr><td rowspan="5">工作内容</td><td colspan="6">1. 严格按照售后解决准则表处理售后相关问题</td><td>10%</td></tr>
<tr><td colspan="6">2. 及时查看评价管理，遇到不良评价在两个工作日内做出相应处理</td><td>15%</td></tr>
<tr><td colspan="6">3. 售后问题统一记录在特定的位置，并及时告知发货部处理问题</td><td>5%</td></tr>
<tr><td colspan="6">4. 遇到有问题的单子，根据发货部的回复及客人的要求，及时进行备注</td><td>5%</td></tr>
<tr><td colspan="6">5. 定期检查服务网点的规划、建设、维护各环节，整理和分析售后服务过程中反馈的数据和信息，及时反馈给主管，保证售后服务质量</td><td>1.5%</td></tr>
<tr><td rowspan="5">职责三</td><td colspan="7">疑难快递处理及发货部对接关系处理</td><td></td></tr>
<tr><td rowspan="4">工作内容</td><td colspan="6">1. 早班客服每天处理疑难快递（下载快递软件查看及打电话沟通）</td><td>5%</td></tr>
<tr><td colspan="6">2. 晚班客服每天协助发货部解决当天发货问题（晚上 7 点左右）</td><td>5%</td></tr>
<tr><td colspan="6">3. 遇到任何不能解决的问题，应及时使用通信工具（QQ、旺旺、手机、固定）与发货部取得联系，并隔时联系发货部是否处理完毕，直到处理好为止</td><td>5%</td></tr>
<tr><td colspan="6">4. 整理和分析快递与发货部的交接问题，提出有效意见并反馈给客服部主管</td><td>1.5%</td></tr>
<tr><td rowspan="4">职责四</td><td colspan="7">客户关系处理</td><td></td></tr>
<tr><td rowspan="3">工作内容</td><td colspan="6">1. 把已经购买商品的客人加入 QQ 群、旺旺群、飞信内</td><td>3%</td></tr>
<tr><td colspan="6">2. 根据网店内容定期发送促销消息给老客户，并以值班时间为准，对群内客人咨询进行处理</td><td>2%</td></tr>
<tr><td colspan="6">3. 整理和分析在客户关系处理中的问题和改善方法，提出有效意见并反馈给客服部主管</td><td>1.5%</td></tr>
<tr><td rowspan="3">职责五</td><td colspan="7">反馈与考勤</td><td></td></tr>
<tr><td rowspan="2">工作内容</td><td colspan="6">1. 每个星期向主管以文档的形式汇报工作内容</td><td>4%</td></tr>
<tr><td colspan="6">2. 根据出勤情况、请假次数确定考勤分数（迟到早退减 2 分 / 次，有效请假减 1 分 / 次）</td><td>10%</td></tr>
<tr><td>附加职责</td><td>工作内容</td><td colspan="6">根据网站最新需要与发展，网站会下发一些自愿性的任务。可按照兴趣来担任相关职务</td><td>+20%</td></tr>
<tr><td colspan="8">主管每个星期会随机抽取若干客户进行考察打分，占 75%。月底客服进行自我鉴定，占 25%</td><td></td></tr>
</table>

续表

工作时间及轮班制度：早上 9 点 30 分到晚上 12 点。其中早班从早上 9 点 30 分到下午 4 点 30 分，晚班从下午 4 点 30 分到晚上 12 点。客服小冰星期一、三、五上早班，星期二、四、六上晚班：客服小焦星期一、三、五、日上晚班，星期二、四上早班
工资制度：500 元（底薪）× 绩效系数 + 销售提成 2%（中评修改个数 ×10+ 差评修改个数 ×20）+ 奖惩。
绩效制度：绩效分数在 65 分以下，绩效系数为 0.5。绩效分数达到 65 分（含 65 分），绩效系数为 1.0。绩效分数在 80 分以上（含 80 分），绩效系数为 1.2。绩效分数达到 95 分以上，绩效系数为 1.5。两个月低于 65 分辞退。

> 工资不是发给人的，是发给岗位的。所有的绩效体系同样也不是针对人的，而是针对岗位的。
>
> ——大圣老师

岗位任职说明书是绩效的根本，绩效工资不是发给人的，是发给岗位的。

比如公司设一个“金牌客服”岗，绩效工资是 8000 元，哪个客服能拿到这个头衔，就能拿到 8000 元的工资。如果没达到“金牌客服”的要求，就只能拿较低的工资。只有这样才能不“得罪人”，否则员工一旦拿到高工资，再给他降下来的话，他肯定会情绪化严重。所以，工资永远是发给岗位的，你只有达到岗位要求才能拿到相应的工资，达不到岗位要求就拿不到。只有这样，你才能做到绝对的公平，对人没有远近之分。只有这样，才不会让员工觉得你对他不公，因为你是按照岗位任职说明书来做的绩效分配。

（10）关键指标绩效标准

绩效的关键指标该怎么设计呢？其实就是四个字：“多、快、好、省”。作为老板，你到底想让员工干什么？你想让他干得多，还是干得快？是干得好，还是尽量为公司节省成本？你会发现，公司在每一个阶段的需求不一样，因此激励的关键指标就不一样。

“多”可以体现为同比有增长、环比有增长，或者体量有增长。“快”可以体现为时长有缩短、速度有提高，也就是效率比之前高。“好”可以体现为比同行的好、比过去的好，以及质量有提升。“省”可以体现为花费比之前少，浪费比之前少，总之就是成本比之前有下降。

绩效关键指标

多	快	好	省
• 同比有增长	• 时长有缩短	• 比同行的好	• 花费比之前少
• 环比有增长	• 速度有提高	• 比过去的好	• 浪费比之前少
• 体量有增长	• 效率比之前高	• 质量有提升	• 成本比之前有下降

如果电商公司的绩效能按照“天龙八步工程”做设计，按照员工自己制定的岗位职责来做岗位任职说明书，按照“多、快、好、省”的原则做绩效，那么绩效肯定会做得很好。

PERFOR-MANCE

四、绩效的千人千面

任何一种管理，在不同的公司、不同的阶段、不同的场景、不同的人身上，得出的结果都不一样。绩效同样也是如此，也有绩效的千人千面，照搬别人的绩效是没有用的。

不同电商公司的类目不一样、人群不一样、文化不一样，所以同一套绩效得出的结果是不一样的。只有了解绩效的千人千面，才能知道到底该怎么做绩效。

1. 千人千面的激励

千人千面的激励

基层的激励讲究“短平快”。你要用现金进行激励，更要告诉他如何成长，如何积累自己的个人能力，追求的是战斗力。

中层的激励讲究“双任带”。你要给他多个任务，不能让他单轨。能完成多个任务的员工才适合成为中层，你要让他带团队。中层激励的是向上力、责任感。

高层的激励战略叫“总捆消”。“总”是总体。你要按总体的管理效果来做绩效，不能按单项的指标。整个公司和他有关系，他拿的是总体绩效，这样他的格局才会变得更大，才能管理好每个部门。“捆”是捆绑。当高层赚到钱之后，你要让他投钱给公司，和他捆绑在一起共同干，这样你们的关系才更牢固。“消”是消耗。高层只要赚到钱，你就要让他消耗财富。一个人手里的钱多了，就会产生一些别的想法，想一些别的项目。

华为有一个“减肥理论”。华为的高管只要赚到钱，公司就会想办法让他买公司的股票，让他买房子、买车子，消耗他的金钱。这样他的压力就会变大，他就会有动力。

譬如年底给员工分红 50 万元之后，你说：“× 总监，公司不想和你长期保持这种雇佣关系，真心想和你成为合伙人。公司打算明年开一个店铺，邀请你入伙，你占 70%，我占 30%。你可以投 50 万元进去，我往里面投个 20 万元。供应链我帮你解决，你只需要推广和运营就可以了。”

只要员工投钱进去，他就会开始用心。店做起来了，员工能赚钱；做不起来，他是大股东，损失也严重。一旦员工亏钱，他就会更努力地工作，因为他认识到自己水平还不行。

2. 非对称激励

很多人认为：对于基层的人，你只要给一点钱就能产生很大的动力。因为他们的工资不高，往往都比较缺钱，所以你给他的工资越多，动力就越大。而高层的人不能仅仅用金钱来驱动，要给他讲公司未来的发展，讲未来的规划。

如果你是这么理解的，说明你还不懂管理。

其实，基层员工根本不是因为钱才去奋斗的。

通过大量的线下调查，我们发现绝大多数基层的员工都不是因为那点工资而努力工作。他们奋斗的原因是觉得企业有发展机会，工作能使自己获得价值感，能帮助自己成长。这才是基层员工最大的动力。

高层员工受激励的最大动力反而是利益。调查发现，高层员工往往最不具备的就是使命感，反而基层员工更有使命感，这就是他们之间的差别。

从马斯洛的原理来讲，人的激励体系应该是这样的：

人在最开始的时候，最关心的就是利益，关心自己能够得到多少钱。有了钱之后，就开始追求权力。所以对员工进行利益驱动之后，就要进行权力驱动，要提干，让他有发展机会。接下来还要名誉驱动，给员工贴上名誉标签，要捧他，给他戴上高帽子。到了一定阶段，要拉拢他，开始对员工进行情感驱动。“在公司里我们都是自己人，你是公司的骨干，是未来的合伙人。”另外还要强调员工的责任驱动、价值驱动、机会驱动和使命驱动。并且不能让员工太有钱，只有在没那么有钱的时候，员工才会拼命。

激励的类别

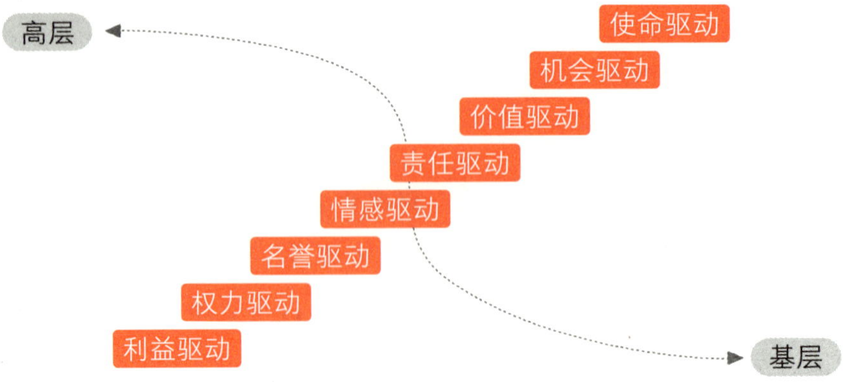

在激励的过程中，你会发现基层的员工可能对利益驱动的反映更直接。假如拿 1000 元奖给一个普通员工做绩效，他会非常开心。

但实际上，基层员工拿到 1000 元的绩效奖励之后，一时间可能会很受用，但是他又能开心多久呢？也许一个星期之后，激励的效应就没了，员工状态又下去了。这是因为金钱不是基层员工持续的动力。

其实，基层的员工更注重找寻自己的人生价值和使命。有的员工天生擅长演讲，这种使命感就会推动他前进，一旦有演讲的机会就会抓住。基层员工更注重成长的机会，更有自我驱动的价值，自我觉醒的价值，追求价值感。

反而在你和高层讲使命感、讲发展的机会、讲价值驱动时，你会发现他根本不感兴趣。高层的薪水可能从 100 万元涨到 200 万元后，他就想追求 300 万元。而当他的薪水涨到 500 万元的时候，他就觉得他应该可以拿 1000 万元。

为什么基层追求使命，我们在做激励的过程中却跟他们讲利益。高层注重利益，而我们却跟他们讲使命感呢？这就叫“非对称激励”，说白了就是“打左转向灯，往右转”“打右转向灯，往左转”。“非对称激励”是我在电商教练的研究生涯当中发现的一种激励价值最大、效果最明显的激励模式。它是针对一家公司的基层、中层、高层三个级别员工设定的。

也就是说，给你的高层做激励的时候要强调使命感，强调机会，强调价值驱动，但实际上要给他利益驱动，只有这样他才能够长期在公司里发挥他的价值。因为他不关注使命感，不关注价值，他缺这个东西，你就讲这东西，他才能把自己变得有格局。当他有大格局的时候，你必须给他配置好利益驱动，才能使他拥有更强大的动力。

而基层就不一样了，表面上他在乎的是利益，比如有没有给我加班费，有没有给我涨工资，但其实更能驱动他的是使命、机会和价值。所以对于基层的员工，你要表扬他，让他有自我觉醒，给他发展机会，让他能够感觉自己在成长，他会特别感激你。

你一手要抓这个端口，另一手就抓那个端口。当你在宣传这个的时候，你要给那个；在宣传那个的时候，你要给这个。给基层员工宣传的是利益，但你要更注重激发他的使命感。给高层讲使命感的时候，要更加激发他的利益感，给他更多的分红、更高的工资。

只有这样，人才能实现双驱动。你既能在思想上、价值观上驱动他，又能在实际的利益上驱动他。

3. 大圣双驱激励模式

表 3–5 大圣双驱激励模式

	职位驱动	荣誉驱动	特权驱动	生活驱动	机会驱动
价值驱动	升职 降职 授权 收权 轮值	特别赏识 公开表扬 最佳师傅 企业讲师 卓越贡献者 纪录创造者 方法创始人 预备合伙人 ……	上班免打卡 7 次可迟到 午餐 30 元 专属下午茶 带薪休周末 电影院津贴 住房有津贴 交通有津贴 加班费翻倍 ……	定额无息借贷 公司配置专车 带薪全球度假 婚礼公司承办 父母参加年会 父母享受双薪 父母定期体检 关怀小孩上学 日用产品购买 ……	外部学习进修机会 爆品组入选机会 特权员工入选机会 职位优先提拔机会 预备合伙人入选机会 联盟计划优先投资权 ……
利益驱动	奖金 / 提成 / 津贴 / 期权 / 干股 / 分红 / 股权 / 联盟				

非对称激励讲究的是双驱，既要价值驱动，又要利益驱动。利益驱动是人性的驱动，价值驱动是人心的驱动。

奖金、提成、津贴、期权、干股、分红等，叫利益驱动。什么叫价值驱动呢？

第一个是职位驱动，比如升职、降职、授权、收权、轮值。既有正向驱动，也有反向驱动。

第二个是荣誉驱动，要表现得特别赏识员工，公开表扬他。还要给他配个传帮带的岗位，给他一个荣誉或者给他一个证书，比如最佳企业讲师、卓越贡献者、纪录创造者等。标杆员工把询单转化率做到95%，形成了一个纪录。接下来谁能刷新这个纪录，谁就能拿奖金。把荣誉证书发出去，把鼓励发出去，这些都是荣誉驱动。

第三个是特权驱动，要给你的员工特权。我们在思想篇里讲到，不要让你的员工太平等，一定要有特权员工。

比如在玺承，我们把员工分成国际会员、黄金会员和普通员工。普通员工绩效做到第一，就会升级成黄金会员。保持黄金会员三个月，就会成为国际会员。升级成特定会员会有一些特权奖励，比如上班免打卡，或者是整个月都免打卡。在我们公司，黄金会员有专属下午茶的激励，而一旦你下个月降回普通员工，这些特权就都没有了。

比如客服把询单转换率做到90%，就是当月的金牌客服，公司可以每天给他定制下午茶。下午茶可能就30元，定制一个月才900元。如果你奖给员工1000元，他可能感觉不到什么，但是每天定制下午茶给他，他就会感觉公司给他的待遇不一样，他有特权。

如果你的公司没有特权，说明你的员工待遇没有拉开差距，员工都是平等的。那你的员工就会感觉不到自己的价值。所以特权驱动也是一个重要的驱动。

第四个是生活驱动。老板应该多关心高管，关心骨干。比如你的高管每年可以从公司借 20 万元，并且是无息的，你可以让他两年之内还。他一旦借了钱，他短时间内就不会离开公司，因为他离开时就要先把借的钱还上。

所以当你给员工发奖金的时候，你可以把奖金分成两份。一份是绩效奖金，另一份是无息贷款。员工会因为害怕离职了就得还钱，不会轻易地离职。公司还可以给高管配专车，并规定这辆车多长时间就可以转成高管的名字。还有带薪度假、承办婚礼、邀请父母参加年会，这些都是生活上的一种关怀。

玺承每年会邀请优秀员工的父母来参加公司年会，他们会特别有荣耀感，父母也会感觉这家公司非常靠谱，鼓励员工在公司长干。玺承给黄金会员员工的父母定期体检。优秀员工的父母可以享受双薪，比如美工为公司贡献的特别多，每年评分最高，那他的父母每个月就可以领 1000 元的工资。如果你把这 1000 元发给你的美工，他不会感激你。但你发给他的父母，他的父母会很感激你。

公司还可以关怀员工的小孩。公司可以帮员工安排幼儿园、购买小孩的日用品，这些都叫生活驱动。

第五个是机会驱动。你要告诉员工，公司的第一分配资源是机会。它的价值比钱要重要很多倍，很多员工就特别重视自己的发展机会，比如说外部学习的机会、晋升的机会、爆品组的入选机会等。

什么叫爆品组的入选机会？

在辅导企业的时候，我们会要求企业打爆款一定要有仪式感，要成立爆品组。我们要把最好的客服、最好的美工、最好的运营配到爆品组里去。只要员工进入爆品组，他们的底薪在打爆款的两个月之内就会加 2000 元，因为爆品是可以给公司带来 80% 利润的产品，绩效也要和别人完全不同。

另外还有特权员工的入选机会。要设置一个员工表现的分数排名，比如主动帮公司关空调、做卫生、加班等，都可以加分，排名靠前的有机会成为特权员工如果想让员工的战斗力变得更强，就要给他机会，给他特权。

一定要记得既要在人性上下功夫，又要在人心上下功夫，这样才能最大可能地激励员工。

4. 对准激励

做绩效时，你一定要对准你最想解决的问题，这就叫对准激励。

对准激励前，你要问自己三个问题：当前遇到的问题是什么？想要员工达到什么状态？什么私利能够驱动员工达到这种状态？

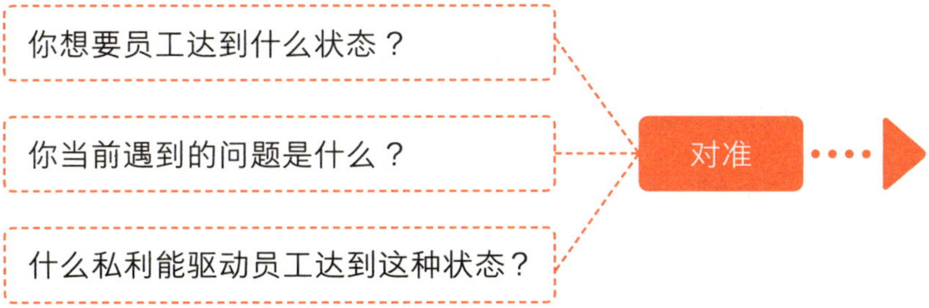

举个最简单的例子，比如迟到问题。一个房地产公司经常有业务员迟到的情况，但每次就迟到 3~5 分钟，罚多了员工可能干脆旷工，罚少了没有效果。怎么办呢？先问自己三个问题。

第一，当前遇到的问题是什么？问题就是员工迟到，很难制定惩罚措施。

第二，想让员工达到什么样的状态？让员工准时上班，并且来得越早越好。

第三，什么私利能够驱动员工达到这种状态？设置一种私利，让员工来得越早，私利越大。

房地产业务员的私利是什么呢？他的私利就是拿到客户的签单。而客户是怎么来的呢？首先可以通过打电话发现客户，其次就是发帖子、发宣传单，另外就是访客。打电话、发帖子、发宣传单都是业务员自己可以掌控的，这个私利你动不了。但是访客是公司可以掌控的、可以对员工产生影响力的私利。

于是公司规定：每天第一个到达公司的员工可以连续接待三个客户，第二个来的可以接待两个客户，第三个来的可以接待一个客户，以此类推。如果你是最后一个来的，今天就没有接待来访客户的机会了。如果你一直迟到，那你可能一个月都没有上门客。

房地产公司完成这个绩效设计之后，所有业务员再没有迟到过，甚至个个早到。

这就叫对准激励。你想解决什么问题，就要对准什么方向来解决。你要把他的私利放在那个方向里去放大，就能解决你对准的那个问题。

再举一个案例。在“二战”的时候，有一位非常有名的巴顿将军，他发现他的士兵在做跳伞训练的时候很害怕，不敢跳伞。经过调查发现，原来是伞的质量有严重的问题，导致很多士兵在跳伞训练中死掉了。巴顿将军问负责人为什么不解决这个质量问题？负责人说向工厂反映了很多次，工厂一会儿说这个问题，一会儿说那个问题，解决了好多次。提的时候质量会好一点，不提的时候质量就不行。

巴顿将军就想怎么解决质量问题呢？方法就是把工厂的私利放到使质量百分之百好的可能里面。工厂最大的私利就是厂长的生命，所以巴顿将军想出一个主意——让厂长跳伞。

工厂每送一批货时就随机抽产品，让厂长跳伞。最后结果就是厂长拼命地抓质量，因为质量不好，就会把自己弄死。

有一个电商老板和我说：我们是做男装的，学了一套别人的绩效方法，做完之后效果很不好。这个问题是打包发货的问题。发货需要经过分拣、装袋、打包、发货四个步骤。

他学到的绩效方法是：每个步骤给两毛钱，只要把发货的四个步骤完成了，就可以拿到八毛钱。但如果出现发货失误、发货不及时等问题，那就要扣钱。这个方法对那家公司非常有用，员工的积极性特别高。

这个老板把这套方法照搬到自己的企业。结果有的员工发现单把分拣做好就能赚两毛钱，而且分拣很容易，一个小时可以分拣500件，而装袋一个小时只能装200多件。所以分拣的活做完，员工就下班，不干后面的。

为什么别的公司有用的方法，到自己公司就不管用了呢？

原因是，别的公司的产品不分大小件，标准没有特别大的差异，都是一个动作就能够做完。而男装款式多、码数多，所以装袋、打包起来比较烦琐，导致每个步骤的完成时间有较大的差异。那怎么解决这个问题呢？我建议老板给发货的四个步骤设置一个逐次递增的绩效。比如：分拣赚一毛钱；装袋赚两毛钱；打包赚两毛五；发货赚三毛钱。这样员工就会把四件事情都干完，因为他发现做完的收入会更高。

所以当你去设置绩效的时候，一定要把人性给理解透彻。你的目标是让他全部干完，而不是让他只干一件事。所以你的绩效就要对准“让他干完”这件事来设置。

你想让员工干事，要先学会“以公为私”。

把公司的公共利益变成员工私利，员工就会有战斗力。要把个人的私利和公司的公利统一起来。如果这个事情不能产生公利，那就设计成“只要他不努力，便会有人随时夺取私利”。每个人都有“恨失”的心理，得到之后就不想失去了。只要他不努力，就让别人动他的奶酪，就把他的奶酪分给别人。

举一个简单的例子。客服做售后，应该考核什么因素？应该是聊天的记录，是差评率的问题。而很多公司把售后和销售额挂钩，其实这个绩效设计就有问题。售后和销售有什么关系？没有关系的，售后就是为了解决问题，就是让客户满意。只要做到零差评，售后就可以了。但只要出现差评，就要扣钱。

你想实现零差评，就要对准零差评来做绩效。只要他有差评，就要让别人动他的奶酪，他就会非常努力。

很多人问：绩效是高点好还是低点好？是高工资低绩效好还是低工资高绩效好？这些问题其实是没有答案的。绩效没有高低之分，最重要的是你的目的是什么。

5. 做绩效的基本原则

做绩效的基本原则总结起来有以下八点：

第一，绩效工程启动的时候一定要有仪式感。拉个横幅，成立一个爆品小组，当即就宣布加薪。给美工定绩效，三个月专门考核点击率，要把宝贝从 2% 做到 3%。一旦完成，就要当众宣布并且进行表扬。仪式感很重要，有仪式感会让员工很重视。

01 绩效工程启动：一定要有仪式感
02 绩效目标设定：核心人才能够着
03 绩效效果达成：关键点聚焦对准
04 绩效通道长短：不能一下喂太饱
05 绩效组合类型：原成效加新弹性
06 绩效频次时长：短平快为主原则
07 绩效成本：要盈利，或亏出人心
08 绩效的类型：多快好省同环比

第二，绩效的目标一定要让核心人才能够着，而不是让所有人都能拿到。前面我们讲过，绩效是拿 80% 的人的钱去激励 20% 的人。绩效一定要拉开差距，一定要激发出特权员工，选拔出有能力的人。没有能力的人就拿不到奖励。

第三，绩效的效果达成要有关键点的聚焦，要对准。你的绩效有没有效果，就看你有没有对准关键问题，这就是我们讲的对准激励。

第四，绩效通道的长短要适度，不能一下子喂太饱。不能一下子把绩效定得特别高。如果你定得特别高，就要做成临时绩效，你不能把人一下喂太饱了。而且喂饱员工之后，就要让他“减肥”，把他的财富消耗掉。

第五，绩效的组合类型是原成效加新弹性。有成效的绩效可以做成长期绩效，但还要加入新的绩效方式。一定要具有弹性，做成可调节的绩效。

第六，绩效的频次时长要以“短平快”为主原则。尤其对现在的 90 后，能够今天发的钱就不要明天发，能够当月发的钱就不要下个月发。绩效一定要立马兑现，和玩游戏一样，比如你打死一只小怪，你的分数就会增加。游戏开始关卡非常简单，做绩效也要先易后难，培养人的上瘾能力。你把游戏研究透了，你就知道绩效该怎么做了。

第七，做绩效的前提是盈利，但如果这个绩效做完公司是亏的，那你一定要亏出人心。亏得让他明白你就是在为他好。你做绩效的目的也一样，一定要让员工感觉你对他好，对他的成长有帮助。

第八，绩效的类型要多快好省同环比。一定要坚持“多快好省”的原则，绩效的考核点是可以和同行进行各种维度比较的。

小 结

我们讲完绩效篇之后，大家可以自我检查一下你目前所采用的绩效到底有没有效果？你的员工处在动力的哪个时期？你的绩效和对应的时期匹配吗？你的绩效有没有对准关键要素？你是怎么理解非对称激励的？大家可以多去思考，并把企业的绩效做得更好。

04 第四章 骨干篇 KEY MAN

「骨干可以创造 80% 以上的价值」

骨干篇的内容非常重要，因为管理的重心基本上都在这个板块。管理的核心就是管理骨干，骨干为纲，纲举目张。企业的管理活动就是先影响少部分人，然后让他们再去影响一大堆人，最终完成上传下达的管理工作。

骨干，是公司所有人的核心。乔布斯曾说：过去常常认为，一位出色的人才能顶两名平庸的员工，后来发现能顶50名。发掘骨干、塑造骨干、激励骨干是企业管理的铁三项。

骨干篇分为三部分内容：第一，发掘骨干的DNA；第二，塑造骨干的人才工程；第三，骨干管理成就企业之魂。

KEY
MAN

一、发掘骨干的 DNA

骨干是一个团队里的核心，我们一定要知道什么样的人适合当骨干。老板的精力是有限的，管理要集中在少数人身上，把这少部分人管好了，整个公司的管理就水到渠成了。管理好这少部分人，就能创造出公司 80% 以上的价值。

1. 骨干是什么

很多老板认为骨干就是公司提拔起来的主管、选拔出来的经理、一个比较厉害的人才。本书认为，骨干有五个特点。

第一，骨干是自己人。

骨干的第一个特点就是自己人，他认同你，思想上向你靠拢，认同公司的价值观，能够站在你和公司的角度来思考问题，他是走得和你很近的人。

有些部门经理总是喜欢为下面的人说话：我们部门已经很努力了，员工经常加班，希望公司能够给部门更多的优待。其实作为骨干，这个经理是不合格的。他其实是员工的代言人和传声筒，而不是站在公司角度的思考者。

骨干，的确需要听取员工的意见，帮助他们解决问题。如果能从上层、从总部获取一些支持，当然很好，但如果获取不到支持，骨干就应该解决员工的负面问题，消化员工的负面情绪，平复员工的工作状态，而不是支持下属把所有负面情绪都往上面传达。

对于骨干来讲，最重要的不是获取员工的认可，而是他对公司的价值，是不是老板需要的人。只有能够站在更高的角度、站在老板的角度上思考公司问题的，才能叫作骨干。

第二，骨干是火车头。

在公司中，骨干是一个团队核心的推动力量，能够带动氛围、凝聚人心，是团队的火车头。骨干的动力非常足，足以带动整个团队，这种火车头有很好的示范作用。如果一个人能够发挥这样的作用，带动整个团队非常有动力地前进，那么这个人就是你的骨干。

第三，骨干是文化墙。

骨干反映出公司的文化，包括公司的价值观和理念。从本质上讲，企业文化就是老板文化。而老板文化是在不断地选拔骨干、塑造骨干的过程中形成的团队文化，进而升级为企业的组织文化。因此，骨干是成就企业文化的重要力量。

第四，骨干是方法库。

能够成为骨干的人一定具备总结方法论的能力，他的工作能力能够得到复制。如果一个员工只具备单兵作战的能力，却不能帮你带团队，那么他就只是一个很强的兵，不能成为将帅。

所以，能不能在工作中总结方法论，能不能通过方法论来复制一批人，组建一个有战斗力的团队，是骨干的一个很重要的标准。

第五，骨干是能量源。

在公司里，骨干不断地传播正能量。作为一名骨干，他的负能量只能向上级传达，而不能向下级传达。骨干的负面情绪不能让下属知道，而应该更多地向上级反馈。反馈的时候也不应该做无意义的抱怨，而是寻找问题根源，给出相应的解决方案，合理要求上级给予支持。如果一个主管，只是不断地收集下属的抱怨并传递给上级，那说明他还不具备成为骨干的条件。作为骨干，反映问题的时候应该能够提供一个解决方案。

骨干是公司的自己人，思想上向公司靠拢；骨干是公司的火车头，动力上能拉动团队；骨干是公司的文化墙，在选人上是公司的人才标准；骨干是公司的方法库，能够帮公司复制出一批人才；骨干是公司的能量源，能为公司不断传播正能量。这五个特点，就是公司选拔骨干的标准。

2. 骨干的六个层级

我们把骨干分成六个层级。

表 4-1　骨干的六个层级

特点	层级	措施
独当一面	人物	重用
受得了委屈	人杰	保障
向上思考	干部	提拔
具备方法论思维	精英	培养
出结果	人才	入池
具有正能量	人员	观察

第一层级：具有正能量。

一个人的能力大小，其实不是最重要的。因为只要一个人有意愿，他就可以通过学习提高自己的能力。如果这个人的能力很强，但是他很消极，有负面情绪，那么这个人能力越强，对公司造成的伤害越大。所以骨干的基本要求就是具有正能量，只有正能量的员工，才不是公司的累赘，才不是公司未来需要去解决的定时炸弹。只要具备了正能量这个条件，就可以进入我们的骨干观察范围。

第二层级：出结果。

如果一个员工在正能量的基础上还能做出结果，那他就是公司的人才。仅仅具备正能量，只能算是公司的一个人员。而如果一个员工是个负能量的人，那么他只能是一个人手，甚至是一个累赘。

出结果的意思就是能把任务完成好，能把事情做成，能对公司产生实际价值。一个既具备正能量，又能够出结果的员工，已经具备了预备干部的核心要素。

第三层级：具备方法论思维。

评判一个预备干部能不能成为一个优秀的骨干，最重要的就是看他能不能在他的工作领域沉淀出相应的方法论。一个预备干部能给出一个可作为参考的方法论，说明他是带着思考在工作，他能够在工作的未知领域摸索出一条道路。

基层员工是用手、用脚、用体力完成一项工作，而干部需要用脑子来完成一项工作。当一个预备干部开始思考、总结、分析，开始有固定的方法论的时候，他就基本具备了带人的能力，是团队的精英。这时公司可以着重对其进行培养，给他一些管理的岗位让他去实践。

第四层级：向上思考。

如果这个团队的精英能够做到向上思考，凡事站在公司大局的角度去考量，那就可以提拔他为公司的干部。一个人能脱离自己的本职岗位来思考问题，思考上级在想什么，思考高层在思考什么，思考公司以后该怎么发展，能站在更高的角度来思考自己的工作该怎么做，这种人就是公司的准干部，可以在他原有的岗位上进行提拔。

一旦一个人向上思考，就说明他的人生框架开始发生改变，他拥有更高的格局，更全面的思维，他就是公司的干部。

第五层级：受得了委屈。

考验一个干部能不能成为值得你长期共事的人杰，还要看他能不能够承受得住委屈。没有任何一家公司可以做到绝对的公平，也没有办法对任何一件事情都拿捏得非常的平均，一定会有一些不公平的现象发生。而谁来承受这些不公平呢？——就是公司的干部。面对不公平，干部首先要做出表率，下面的人才能安定。

如果这个干部能够受得住委屈，淡定从容地面对不公平的待遇，说明他不仅具备很强的工作能力，还拥有非常宽宏的胸襟，是人才里面的人杰。他能将自己真正地融入公司，对公司的决定具有包容心，真正把公司当成自己的家。当员工真正把公司当成自己的家时，他就能够接受公司的缺点并始终热爱它，能够一直和公司走下去。

对于这种能长期陪伴公司前进的人杰，公司应该对他们给予足够的保障，让他们在公司里面生存得更好。如果他在某一方面受委屈了，就要在另一方面给他创造一个更大的收获。你要让团队看到，公司对人才是不会亏待的，以此增强员工对公司的信心，使其适应公司的某些不平等。这些人杰能够在公司里团结更多的员工，创造更强大的凝聚力。

第六层级：独当一面。

如果一个人凡事都能够独当一面，任何工作都不需要你操心，你只需要把任务交给他，他就能给你一个明确的，甚至超预期的结果，这个员工就是可以重用的。你不用担心他的工作流程怎么安排，计划怎么做，他就是有能力把所有事情安排好，让你很安心。具备了这种素质的人，就是公司的核心骨干，值得你重用。

3. 骨干的 DNA

我们总结了这么多骨干的标准，其实凡是符合这些标准的员工，他们一定具备一个共同基因。这个基因就是有欲望，有自我驱动力。

有些人天生就没有欲望。他没有干劲，需要你天天催着赶着才能完成一件事情，对公司来说他就是累赘。公司需要的一定是带有自我欲望、自我驱动力的员工。

你无法领导一个无欲无求的人，同时你也无法压制一个有强烈自我驱动力的人。如果一个员工无欲无求，对工资没有什么要求，对发展机会也没有要求，甚至对所处的岗位也没有要求，做事情需要有人管着他、督促他、领导他，那他肯定成不了干部，不属于公司骨干的范围。所以说有欲望、具有自我驱动力是骨干的 DNA。

怎么判断一个员工是否具备骨干的基因呢？

第一，判断这个员工有没有很强的欲望，有没有上进心。你可以问员工：五年之后你想成为一个什么样的人？你希望在公司五年之后做到什么程度？看他是否能回答出这些问题。

第二，判断这个员工有没有正能量，能不能自我驱动。在没有人管他、领导他的时候，这位员工会不会自己找事干？能不能把这件事情做得超出你的预期？

4. 骨干的识别途径

从工作思路上发现	原理	工作思路能比较综合地反映一个人才的知识层次和运用知识的能力，体现出人才潜能的大小和类型
	场景	撰写的文稿、会议讨论发言、所提建议和意见
	方法	❶ 战略性：是站在全局战略的高度上，还是站在局部的具体事务上来考虑问题； ❷ 超前性：是以发展的眼光预先提出对策建议，还是局限于眼前已出现的问题就事论事； ❸ 创新性：观察问题和所提建议是新颖、独创，还是落入俗套、人云亦云； ❹ 系统性：是全面系统地考虑，还是零碎的个别建议
从重大任务中发现	原理	重大任务、应急性事项是各单位经常会遇到的。由于任务重、时间紧、标准高，对承担这些任务的人才素质和能力要求也比较高，所以也是我们发现骨干人才的重要场所
	场景	突发事件，较难工作项目
	方法	❶ 主动要求迎难而上，斗志高昂，有做大事之心； ❷ 沉着冷静，有规划有方法有能力解决问题
从竞争环境中发现	原理	竞争的环境能促使人才奋发向上，能激发人的潜力，也能拓宽我们发现人才的视野，寻找到更具潜质的人才。在竞争的环境中，我们可以判断一个人才潜能的大小
	场景	任何竞争 PK
	方法	❶ 看其对竞争的态度。潜能大的人才，一般自信心比较强，他们赞成竞争，拥护改革，希望在一个公开平等的环境中显示自己的才华。 ❷ 看其在竞争中的行为方式。潜能大的人才，在竞争的环境中始终靠自己的能力，满腔热情、积极主动地工作，努力创造良好的工作业绩，来赢得竞争

骨干的识别有以下三种途径。

（1）从工作思路上发现骨干

工作思路能够综合反映出一个人才的知识层次和其运用知识的能力，体现出人才潜能的高低和类型。

具体场景包括：第一，你可以看员工撰写的文稿是否能把一件事情的逻辑给讲清楚。第二，你可以观察员工开会时的发言，看他会不会表达自己。如果开会时员工只听，从不发言，说明这个人可能内心没有想法，又或者有想法却不敢表达。前者没有带着大脑思考工作，后者不具备领导其他人的能力，都不是一个骨干该有的状态。第三，从员工平时工作中所提的意见和建议中，看他是否具备与普通员工不同的特质。

判别员工的工作思路时，可以从四个方面去考虑。

第一，可以观察员工所写的文稿、所提的意见是否是战略性的。他是站在全局的战略高度上，还是站在局部的具体事务上来考虑问题？他是只思考自己，还是能够思考别人，思考整个团队？

第二，观察员工是否具备超前思维。他是以发展的眼光预先给出对策，还是局限于眼前所出现的问题就事论事？他是用前瞻性的眼光思考事件未来的发展，并做出调整，还是仅局限于眼前，从来不思考未来？

第三，观察员工是否具备创造性思维。要看员工观察问题和所提建议是否新颖、独创。要看他的创造能力有多强，是不是一个与众不同、能够从不同角度思考问题的人。亚马逊创始人选人的一道必答题就是：你有什么和别人是不一样的？你对某件事情有没有与别人不同的思维认知？如果有，请阐述观点。如果一个人对事物总是有与旁人完全不同的角度以及新颖的想法，那他就能够在死路中寻求突破，能够带领公司突破瓶颈。

第四，要观察员工是否能够系统性地思考问题。员工能够全面系统地考虑问题，还是只能零散片面地提出个别建议？他思考一件事情的时候，能不能系统性地、从头到尾地进行思考？他是否能够总结出方法论，还能给出问题的剖析，提出一个可行的解决方案？具有全面思维的员工，才是一个优秀的骨干。

（2）从重大任务中发现骨干

重大任务、应急性事项是各单位经常会遇到的，由于时间紧、任务重、标准高，对承担这些任务的人才素质和能力要求也比较高，所以也是我们发现骨干人才的重要途径。

具体场景包括：公司遇到突发事件或者较难的工作项目，比如突然间客户给了一个差评，收到一个投诉，主图被同行盗用，被举报侵权，这时谁能够主动跳出来解决这些问题，谁就具备了骨干的基因——自我驱动力。如果该员工能够解决问题，或者能够提出有效的意见，那说明他具备骨干应该有的能力素养。

在重大任务出现时，你可以从两个方面去观察员工是否能够成为骨干。首先，主动迎难而上，斗志高昂的员工，一定有一颗做大事的心。其次，如果这个人能够沉着冷静，有规划、有方法地解决问题，说明这个人具备核心骨干的基本才能。

（3）从竞争环境中发现骨干

竞争的环境能促使人奋发向上，激发人的潜力，更能拓宽发掘人才的视野。在竞争环境中，我们能判断一个人才潜能的大小，寻找到更有潜质的人才。

具体场景包括任何的竞争 PK，比如双十一的业绩 PK，岗位之间的 PK，转化率高低的 PK，等等。

在竞争环境中，你可以从两个方面去观察员工是否能够成为骨干。

第一，看员工的竞争态度。如果一个员工不愿意在工作中进行 PK，不愿意参与竞争，说明他是一个遇事犹豫不决、比较软弱的人，对于困难没有挑战的欲望，对自己的能力没有自信，那他肯定不属于我们骨干选拔的范畴。而如果一个员工对自己的能力很有自信，赞成竞争，支持优胜劣汰，拥护改革，希望在一个公平环境中展现自己的才华，那说明他是一个具有正能量的人。

第二，关注员工在竞争中的行为。潜能大的人会在竞争中突显自己的能力，脱颖而出。一个能在竞争中解决问题、分析问题的人，一个遇到任何问题都可以很好地解决的人，就可以成为公司的骨干。

5. 骨干发掘的标准

在三种识别途径中，你要把骨干发掘出来。具体的骨干发掘标准包括：

第一，几场集体战役优者。每一次竞争当中的获胜者、优秀者，都是骨干的候选人。

第二，会议建言献策者。在开会时积极发言的人，也是骨干的候选人。

第三，有能力的结果达成者。

第四，能影响人能带人者。

第五，肯吃苦无私奉献者。

在你的公司中，你有没有经过 PK 选拔优秀的人？有没有经常开会让他们发言？有没有对每一次做事有结果的人进行记录？有没有去发现谁更能影响人，谁能够让公司员工变得更加幸福？有哪些人是比较愿意吃苦的？

你的公司有没有这样一些人，大家可以去发掘一下。

> 有些人天生就能成为骨干，给点阳光就能灿烂。给他一件事，他能做好，给他十件事，他也能做好。有些人天生就平庸，给点阳光他却打着遮阳伞。给他一件事都做不好，给他十件事情就是要了他的命。从这个角度讲，人才是天生的。实现自我价值的欲望就是人才的天生驱动力。
>
> ——大圣老师

有些人你培养完之后，他只能做到 60 分，而有些人你不培养，他本身就是 80 分。有些人天生就能成为骨干，给点阳光就能灿烂。而有些人天生就是平庸的，给点阳光他却还要打个遮阳伞。人才是天生的。实现自我价值的欲望，就是人才天生的驱动力。所以我们选人的时候，就要选择那些具有自我驱动力的人。

优秀的人，给他一件事情他能干好，给他十件事情他也能干好，他也不会说事情太多。一个骨干一定具有单独操作多件事情的能力。我们要找对人，才能用好人，所以要把选人这件事情理解好。有些人真的不是骨干，你培养他，他也成不了骨干，因为骨干不是培养出来的，而是选拔出来的。

KEY
MAN

二、塑造骨干的人才工程

很多老板说：老师，我提拔了一个人上来，当时觉得他能力还可以，但是提拔上来之后发现他其实并不适合做干部。底下人并不服他，而且他有的时候很负面，但是又没有办法把工资给降下来。为什么会有这个问题呢？

究其原因，就是没有一个标准的干部选拔制度。这一节讲的就是塑造骨干的人才工程。

1. 塑造骨干要有仪式感

塑造骨干的时候，要给他一定的仪式感，让他知道你想把他提拔起来，让他成为一个中层管理者。

这个人才工程的仪式要很隆重，比如开一个全体动员大会，把所有员工都召集起来，要面向所有员工宣布你要招募骨干。这个时候，你要上台讲一段话来动员他们。

在人才工程的启动仪式上，你可以讲：

公司发展到现在这个规模，离不开很多人的努力，以前公司在谋生存，做原始的积累。现在公司已经活下来了，赚了一点钱。为了让公司的奉献者能够拿高薪，让核心人才实现自己的创业梦，为了让每一个人都能得到更大的发展机会，公司决定进行多店铺布局，实现店群发展。这就需要大量的干部，公司会拿出更多的利润分给为大家创造价值的干部。

今年我主要的工作就是抓管理，让大家这一年快速成长。因此我们现在针对全体员工，启动我们的干部选拔工程。

只要大家有意愿、有能力，不论资历我们都会给机会。对于干部，我们在待遇上不吝啬，在未来店铺分红上给机会，对于特殊贡献的人，我们甚至可以让他成为合伙人。

……

2. 塑造骨干要有标准

骨干选拔一定要有标准，如果没有标准，员工就不知道怎么样才能成为一个骨干。上一节讲到，骨干分为六个层级（见表 4-1），你可以把它做成一张海报或者 KT 板，贴到公司的墙上，告诉员工只有这六种人才可以成为公司的骨干。

第一层级是能量型骨干，我们会进行观察。

第二层级是结果型骨干，我们让他入池。

第三层级是方法型骨干，我们要培养他。

第四层级是卓见型骨干，我们要提拔。

第五层级是格局型骨干，我们要保障他的待遇比别人高。

第六层级是诸侯型骨干，我们要去重用他。

接下来就要在每个层级设置具体的标准，并给出相应的分数，累计满 100 分，就可以晋升。每个层级对应事项得分相加并不等于 100 分，并非要样样做到，任一单项累计达到 100 分，就视为达到晋升标准。

（1）第一层级的标准设定

表 4-2 第一层级的标准

第一层级	标准释义
具有正能量	核心评价：主动挑战，愿意成为问题的第一解决者。 自动自发找事做，主动挑战难事情，不制造问题，不抱怨外因，没有负面情绪
	❶ 主动汇报工作，定期提交工作结果清单。（10 分） ❷ 会上积极正向，能够提出有价值的建议。（15 分） ❸ 积极主动与团队分享工作经验和方法论。（15 分） ❹ 遇到事情先找内因，懂得自我反省。（15 分） ❺ 积极主动帮助他人完成工作。（15 分） ❻ 积极主动关心新人，完成传帮带。（15 分） ❼ 感谢批评，积极改正。（15 分） 注：每个单次累计一个分值，可多次累计。累计满 100 分，即可晋升。

（2）第二层级的标准设定

表 4-3 第二层级的标准

第二层级	标准释义
出结果	核心评价：能做成事，能高效做成事，能做成很多事，甚至超期望做成事。 有功劳胜过有苦劳，有价值胜过有借口。自己出结果，为团队出结果，帮助别人出结果，不打折地出结果
	❶ 每次可以按要求达成结果。（10 分） ❷ 每次可以远远超过标准达成结果。（20 分） ❸ 能够带动新人出结果。（15 分） ❹ 获得“月度最佳绩效完成人”荣誉。（15 分） ❺ 整个团队完成绩效目标，个人积极参与。（20 分） ❻ 高效率做事，获得效率高人嘉奖一次。（20 分） ❼ 配合其他部门时，不拖拉不推诿，获得满意评价。（20 分） ❽ 能够刷新岗位纪录，创造新纪录。（20 分） 注：每个单次累计一个分值，可多次累计。累计满 100 分，即可晋升。

（3）第三层级的标准设定

表 4–4　第三层级的标准

第三层级	标准释义
具备方法论思维	核心评价：能复制一个完全可以替代自己岗位的人才。 干部的核心是思维能力，有方法论才能复制人才，多总结事情，多总结人，多总结规律
	❶ 不蛮干，不乱干，凡事总结成方法和套路。（10 分） ❷ 有干货，爱分享，愿意做成课件分享自己的经验。（20 分） ❸ 先推演，后复盘，能够做完一件事收获一个方法论。（10 分） ❹ 能复制，可学习，能培养一个新人掌握方法、出结果。（15 分） ❺ 爱学习，能进步，给团队融入新的资源和有效方法。（10 分） 注：每个单次累计一个分值，可多次累计。累计满 100 分，即可晋升。

对于具备方法论思维的人，你交给他做一件事情，他会先推演一遍，比如第一步、第二步、第三步怎么做，做完之后还能复盘。这说明这个人具有特别好的思路，特别适合当干部。

（4）第四层级的标准设定

表 4–5　第四层级的标准

第四层级	标准释义
向上思考	核心评价：能站在全公司的角度思考、评判、决策。 始终铭记我不是普通员工，站在全局，关注整体，思考长远，以我为责任第一人
	❶ 主动汇报，提交自己的下阶段规划，让上级知道你的布局。（10 分） ❷ 上级未回复，多催多提醒，未收到答案就不终止沟通。（10 分） ❸ 提出问题，必须给出 3 个解决方案，只给别人做选择题。（10 分） ❹ 为公司提出有价值的团队管理机制，是某项机制的创造者。（15 分） ❺ 为公司发掘一个好项目 / 好产品 / 好策略。（20 分） ❻ 担任公司的政委，积极地缓解员工的负面情绪。（10 分） ❼ 愿意承担不确定的风险，与公司同舟共济。（20 分） 注：每个单次累计一个分值，可多次累计。累计满 100 分，即可晋升。

（5）第五层级的标准设定

表 4–6　第五层级的标准

第五层级	标准释义
受得了委屈	核心评价：受得了冷落，经得起批评，忍得了不公，有功劳仍不辞劳苦。 无须鼓励就长期奋进，遭遇不公大度接受，胸怀大、格局大，看整体胜过自己
	❶ 面对公司机制的不公正，能牺牲自己利益，让员工感到公正。（20 分） ❷ 本该自己所得，为激励更多人，果断奉献为公。（20 分） ❸ 面对工作失误，愿意自我惩戒，接受能者上，主动让贤。（20 分） ❹ 面对卓越人才，扶上马送一程，让更多比自己厉害的人冒出来。（15 分） ❺ 凡功劳或归功于下属，或归功于外人，让别人发光发亮。（10 分） ❻ 身居高位，却不居功自傲，仍能事事出结果。（10 分） ❼ 调离岗位无情绪，针对新工作仍能积极奉献。（15） 注：每个单次累计一个分值，可多次累计。累计满 100 分，即可晋升。

这个阶段，我们所有的骨干都很厉害了，他可以解决员工的不满，愿意牺牲自己的利益。他可以把自己的薪水拿出来，设置自己部门单独的奖励，激励员工，而不是向上级要钱。如果遇到失误，他愿意接受处罚，并且自动隐退辞职。你要记住，如果公司里有这种格局的人，两个月之内要把他重新提上来，甚至提到比他原来更高的位置。因为他为公司开了一个前所未有的先例，打破了人一旦提上去就很难掉下来的认知。

（6）第六层级的标准设定

表 4–7　第六层级的标准

第六层级	标准释义
独当一面	核心评价：你无须操心的一个部门领导，能堪大任。 只给结果，不让公司在该部门费一点精力；公司遇到瓶颈，你能想到的第一个人
	❶ 从事任何岗位都能成为卓越者。（20 分） ❷ 把老板当成董事会，老板只要听取汇报、举手投票，其他不耗精力。（10 分） ❸ 自己能带出一批担当公司骨干岗位的员工和干部。（20 分） ❹ 面对新项目能够打开局面，创造新的增长点。（15 分） ❺ 能与其他部门友好相处，积极联合部门协作。（15 分） ❻ 为公司创造性地丰富了企业的经营策略或管理理念。（15 分） ❼ 轮值合伙人期间，能够推动公司业绩得到提升。（30 分） 注：每个单次累计一个分值，可多次累计。累计满 100 分，即可晋升。

这一层级的骨干，只让老板做选择题，让他听听，给他结果，所有事情都帮他想全了；能和其他部门有很好的联动，能够帮助其他部门出谋划策。

3. 塑造干部要拔苗助长

培养骨干一定要学会拔苗助长，很多骨干是拔出来的，所以你公司的晋升通道要宽、要长，一定要在你的公司设很多岗位。不要把岗位设成“员工—主管—总监—副总—老板”就完了，这说明你公司的晋升通道不够广。

在公司里，给新人打个标签，可以成为骨干，也可以成为岗位纪录创造者。再高一点就是传帮带的责任人，配个徒弟、配个新人，也可以是岗位说明书的制定者。

再往上是结果型骨干，可以升为主管，可以是岗位纪录的创造者和刷新者。再上面就是高级主管、企业讲师团成员，给大家分享干货。再往上就是方法型骨干，能分享方法论，是企业的认证讲师。作为方法型骨干，如果管理能力很强，就可以成为经理。

卓见型骨干就是高级讲师、高级总监、副总、部门总经理以及预备合伙人。接下来就是公司的合伙人级别，可能是你的店铺合伙人、项目合伙人和股东。

> 晋升通道一定要长，要兼顾管理岗和业务岗。设计的时候坚持先快后慢、先多后少的原则。
>
> ——大圣老师

公司的晋升通道要足够长，在员工还是新人的时候，你要以最快的速度提升他。千万不要让他觉得升职很难，要让他以最快的速度成长为能量型骨干，快速让他进行传帮带。

前面要快，后面要慢，只有这样才能把你的员工整体激发出来。一开始员工很容易拿到各种标签，比如效率达人、岗位标准制定者等。

你越夸他，他就越会往上走。当晋升通道变得很长的时候，你可以设置 N 多东西。多做一些荣誉证书，给出很多的正面激励。

从新人到岗位纪录创造者再到传帮带，这些都不是实权性的岗位，但是可以激励员工往前走。因此，我们的晋升通道要设得长。

如果你已经把人才工程的仪式启动了，标准制定出来了，而且把岗位通道全部梳理好了，那接下来就是员工的通关，他可以通过积分到 100 分来一级级晋升。你可以做一个干部选拔认定评估表。

表 4–8　干部选拔认定评估表

	1 月	2 月	3 月	4 月	5 月	6 月	7 月	8 月
王一	重用期	重用期	重用期	重用期	重用期	重用期	重用期	重用期
李二	提拔期	提拔期	保障期	保障期	保障期	保障期	保障期	重用期
张三	保障期	保障期	保障期	保障期	重用期	重用期	重用期	重用期
刘四	培养期	培养期	培养期	培养期	提拔期	提拔期	提拔期	提拔期
陈五	观察期	观察期	观察期	入池期	入池期	入池期	入池期	培养期
杨六	入池期	入池期	观察期	观察期	观察期	培养期	培养期	提拔期
黄七	培养期	培养期	提拔期	提拔期	提拔期	提拔期	保障期	保障期
赵八	培养期	培养期	培养期	培养期	培养期	培养期	培养期	培养期
周九	提拔期	提拔期	提拔期	提拔期	保障期	保障期	重用期	重用期
吴十	入池期	入池期	观察期	观察期	观察期	观察期	观察期	观察期

你要把公司的每一个员工的名字写在一侧，然后对他们每个人进行评估，看他们目前处在什么阶段。

比如1月，王一在重用期，李二在提拔期，张三在保障期，等等，这就是在给他们打标签。

这样员工就知道自己处在哪个阶段，知道怎么样才能拿到更高的薪水，怎么样才能成为公司合伙人，心里就会产生欲望。他看到有的人三个月就从观察期进入培养期，就会产生进步的欲望。

4. 塑造骨干要靠打仗

塑造骨干除了有仪式感，有标准，有通关达标的过程，还要靠打硬仗。

骨干是选出来的，也是练出来的，是经过价值观洗礼出来的，是一场一场硬仗折腾出来的。如果员工没有受过委屈，没有经过一场场战役，他就很容易翘尾巴，觉得自己很了不起。

那么我们怎样通过一场场硬仗把骨干选拔出来呢？这里有六种战役给大家做参考。

爆品进攻战 ▶	爆品组	新人突围战 ▶	新兵连
岗位竞赛战 ▶	特种兵	店铺竞赛战 ▶	独立团
文化博弈战 ▶	智囊团	年度大促战 ▶	集团军

（1）爆品进攻战

你可以在公司专门成立爆品组。你可以从干部墙上选择培养期的骨干优先入组。如果你没有干部墙，也可以换一种方案，比如公司最优秀的客服、美工、运营组成爆品组。爆品组的入选标准一定是个人当月的绩效评价最好，或者几个月的绩效评价都是最好的。爆品组成立之后，成员的工资在打爆款的三个月之内，底薪比别人高，绩效比别人高。

（2）新人突围战

你招了一批新人，要观察谁能够最快拿到正能量的标签。你可以成立个新兵连，举行新人之间的PK。

（3）岗位竞赛战

你可以组织一个特种兵的活动。比如公司有8个客服，谁能先做到90%的询单转化率，谁就是公司的特种兵，也就是金牌客服。

（4）店铺竞赛战

让两个店铺进行竞赛，看谁的增长率最高。比如这个月店铺甲做了50万元，店铺乙做了80万元，那下个月就看增长率，然后针对整个团队给奖金，这叫独立团作战。

（5）文化博弈战

这是看哪个部门分享的次数最多，讲课的次数最多，做的课件最多。给大家分享最多的就可以称作“文化站”，代表这个部门为全公司贡献了最多的方法论，可以加分奖励。

（6）年度大促战

针对“6·18”“双十一”，你们公司要有自己的年度大促战，这是你们整个集团军的作战。

> 一次次短期战役才能发现人才、激励人才，一批批人才的崛起才能成就最强团队。一个个最强团队才能成就商业传奇。
>
> ——大圣老师

我们的战役应该是短期的，以三个月为期，三个月就可以评估出一个人是否厉害。

你有没有开过人才工程的启动大会？你在塑造人才的时候，有没有给出标准？有没有把晋升通道做得更广？有没有组织一场又一场战役来选拔人才？大家可以多去思考这些。

KEY
MAN

三、骨干管理成就企业之魂

我们把骨干给发掘出来、塑造出来之后，应该怎么去管理骨干呢？骨干管理和员工管理有什么不同呢？

1. 骨干管理的第一要务是抓思想

骨干管理和普通员工管理有一个很大的不同，就是后者只需要出结果就可以了，而骨干管理不仅要出结果，更重要的是要思想价值观的统一。

一个人的思想决定一个人的行为，而一个人的行为决定一件事的结果。所以要想解决一个人执行力的问题，就要解决他的思想认知问题。要让骨干在思想上和你是保持一致的。

选拔骨干的原因就是他是你的一部分，他是你的一个延展。骨干管理其实就是把自己的思想传导给他们，让他们带着你的意图，达成一些工作上的成果。

所以骨干管理的第一要务就是抓思想。

”

骨干被激励，骨干才能去激励。骨干是员工想成为的样子（榜样），骨干是企业要员工成为的样子（标杆）。骨干是解决员工与老板对立根源的桥梁。

“

——大圣老师

骨干的存在解决了员工和老板的对立根源。很多普通员工觉得老板在压榨自己，老板工资给这么低，老板根本都不珍惜他们。但是骨干获得了高的薪水，获得了高的激励。骨干的存在，会让普通员工觉得其实老板还是舍得的，只不过自己没有表现到位。

骨干是员工想成为的样子，同时也是企业要员工成为的样子，这是骨干最大的价值。

骨干一定要明确，所有待遇不是员工给的，而是老板给的，骨干是老板的代言人。只有处处为老板着想，工资才会增长，待遇才会提高，分红才会加大。

”

提干，提的不是岗位，而是责任。提的不是权力，而是分担力。提的不是人，而是价值观。

“

——大圣老师

提干首先提的不是岗位，而是责任。干部就是要负责任。主管要对部门负责，经理要对整个团队负责，副总要对整个业务板块负责。其次提的不是权力，而是分担力。干部是帮老板分担了一部分能力，所以老板是拿钱买了干部的分担力。最后提的不是人，而是价值观。如果思想上不过硬，这个人能力再强都不能轻易提干。

如果一个干部不传导你的价值观，那你这个团队就是团伙，根本不是一个合格的团队，因为你的团队还没有产生大家认同的企业文化。

那么企业文化是怎么诞生的呢?

我们讲过，骨干是员工想成为的样子，也是企业要求员工成为的样子。所以企业文化其实全部压在骨干身上，只要你把骨干管好，那你的企业文化就出来了。

企业文化最开始是源自创始人自己的一套文化，然后结合商业从业的经验，沉淀出一个雏形。

在团队管理的过程中，老板的文化被雕刻、被修正、被改造。老板从团队里选拔出一小部分人，而最开始的企业文化就隐藏在这一小部分人当中，他们有激情，有能量，有自我驱动力。然后就确立了企业文化。

公司开始通过喊口号、树标杆产生骨干。接下来公司要“树标杆，证口号”。

“喊口号”和“证口号”是有区别的，“喊口号”是为了树立标杆形象，产生骨干。而标杆骨干选出来之后，你要给骨干足够的待遇来激励他们，以证明你的口号是可信的。之后这些骨干才能形成榜样的力量，产生骨干群，形成团队文化。经过添砖加瓦，企业文化稳固，融入每一个员工心中。

打造企业文化有三个法则：

第一，一定要重视人心，更要显示决心。要关注员工的思想，然后要显示你的决心，比如我们公司就特别强调：功劳大于苦劳，价值大于借口。你不断地强调，员工就感觉到老板不喜欢别人找借口，不喜欢别人讲苦劳。

第二，要写在墙上，更要写在钱上。首先你要喊口号，并把口号写在你的墙上，其次你还要把它写在钱上。你要把你的激励对准，让员工知道只要做了老板想要做的就可以多拿钱。

第三，要通过一小部分人影响一大波人。一个人本身的影响力是有限的，可能只能影响七八个人。所以你必须把这七八个人管好，然后这七八个人才能帮你再影响七八个人。这样你的团队才会变得足够强大，你的企业文化才会形成。

2. 骨干管理的第一重心是树标杆

如果说抓思想工作是第一要务的话，那么第一重心就是树标杆。

任正非说过一句话：给火车头加满油。

每个公司的骨干就是火车头，一定要给它加满油，让火车头始终都有足够的动力往前跑，还能带动后面的车厢一起往前。

假如你公司连一个标杆都没有，那员工可能会没什么动力，因为他们觉得努力不努力都差不多。所以一定要树立起一个只要努力就会有巨大回报的标杆。

标杆是怎么树成的

挑选种子	招骨干人才，分身份等级	起步简单	向前一小步，激励一大步
及时反馈	只要出结果，就会给奖励	超级支持	若是有困难，全力给支持
行为特权	你是不同的，你是自己人	荣誉加身	岗位价值感，事业成就感
超额激励	待遇高配置，薪资倍数人	高度宣传	雷锋好榜样，文化好形象
营造氛围	今日肯吃亏，回报必加倍	树立观念	态度第一位，能力可培养

首先是挑选种子，怎么选比怎么用更重要。

要挑选种子，要招募你的骨干人才，给你的员工分等级。那怎么分呢？举个例子，年初实行一个干部的选拔计划，就叫卓越人才计划。

这个计划把员工分成三类：第一类是普通员工，第二类是卓越人才计划员工，第三类是合伙人员工。

对于普通员工，公司没有特别要求，只需要完成本职工作，上下班准时，每周五天、每天工作八小时就可以了。

对于有上进心、想奋斗的员工，可以启动卓越人才计划，大家只要举手，就可以参与。

参加计划的员工需要和公司签订一个协议，叫卓越人才计划协议，协议的内容是：自愿放弃节假日，无条件接受公司加班，成为岗位的火车头。

协议规定，参加计划的员工，底薪立即涨 1000 元。同样绩效标准也要发生变化，比如询单转化率都做到 80%，那卓越人才计划的客服要比普通的客服提成高。这样就会有很多员工想成为卓越人才。

协议签完之后，要给卓越计划员工的工作桌上插一个小旗子，作为身份的象征。

人才是选出来的，也是激励出来的，叫人尽其才。

一个人再有本事，他也不一定用尽全力。只要工资给得高，普通人也可以变成一个普通的人才。

对于卓越计划人才的培养，起步要简单。你要定个标准，员工只要向前走了一小步，马上给他激励，他就会觉得自己做好每一件事都是能够得到激励的。

比如，只要卓越计划客服做到了 90% 的询单转化率，你就马上给他一个大奖。他的底薪可能是 6000 块钱，你给他 1 万元奖金。普通客服做到 90% 的询单转化率时，也有奖，但不会这么多。因为卓越计划员工更信任公司，愿意跟着公司走，所以公司就报以更大的扶持。对于员工的激励要及时，只要员工给出结果，就要给奖励。要把入选人才工程的人全部发展成卓越人才计划的人。

如果员工有困难，老板或者上级一定要亲自帮他解决。你要让他感到你是自己人，让他荣誉加身、有价值感。另外还需要超额激励，待遇一定要高配置。

有人做过这样一个统计：标杆拿的工资一般是其他同等岗位的三倍以上。比如客服一个月拿 5000 元，标杆可以拿 15000 元。

接下来要高度宣传，宣传他的吃苦耐劳、正能量、受得了委屈等。

还要营造一种氛围：只要员工今天肯吃亏，将来一定会获得巨大回报。华为的员工之所以都拼命加班，就是通过高额的回报给激励出来的，通过文化的宣传给塑造出来的。

最后要树立一个观念：态度第一位，能力可培养。

第一年可能只有两三个人愿意签这个协议，愿意经常加班，愿意跟你拼命干。但是你要知道，这几个人的能量加起来可能比十个人还大，而且他们通过一起干事形成了很强的凝聚力。要给他们超额的激励，因为态度很重要。

年底的时候，你要让他加入公司的合伙人计划，让他和你一起去拓展店铺，一起去投资公司。慢慢地，你的其他员工受到标杆的带动，也会加入你的卓越人才计划。所以，第一年的标杆很重要。淘宝最开始每个类目都有一个一级店铺，就是为了吸引更多的人去做淘宝。你的公司里有没有这样一个标杆？你的标杆塑造出来之后，有没有给他足够多的激励？

3. 骨干管理的第一目的是共同体

你精心塑造一帮骨干出来，就是要和他们形成共同体。让你的骨干都成为承担你一部分功能的老板，这个就是最重要的目的。

那要形成什么样的共同体呢？答案是利益共同体。这是最稳定的共同体，能持续下去。那怎么形成利益共同体呢？

（1）消耗

千万不要让你的骨干手里有剩余财富。一个人只要手里有了钱，就会想找点别的事干。这时候你要学会给他“减肥”，要消耗他的财富。每年领着你的骨干去看看房、看看车，去发达的国家旅游，买买奢侈品，让他赚的钱不断地消耗掉。只要他能够把赚的钱都花掉，就有可能在你的公司留下来。

（2）联盟

有的人既不喜欢买车，也不喜欢买房。对这类人，你要让他和你联盟，和你一起开店，你可以让他占 70% 的股份，自己占 30% 的股份。这家店的 70% 是他的股份，他肯定愿意干，但是他去管理新店的话，肯定会影响你原来店铺的业绩。你就给他提一个要求：培养一个和他一模一样的人才出来，原来的店铺就让那个人来干。以前的基本绩效还会给他做，当然会没有以前那么多。

这样一来，一是可以降低你原来店铺的分红压力；二是可以让他裂变出一个新店，这个店铺他肯定很用心；三是他要帮你培养一个人才，也会很努力。

如果这个店铺干得好，双方都有钱赚。如果干不起来，他就知道自己能力不行，出去创业不靠谱，就不会轻易地离开公司。

让员工赚到钱就投到公司，何愁你的公司做不好，你还用操那么多心吗？你的员工可以帮你操很多很多的心。

（3）成就

作为一个老板，一定要不断地成就你的员工。你要让每一个员工都成为股东，甚至合伙人。你不断地成就他，他就不断地裂变项目。当你抱着这个心理，你的员工就会对你不离不弃。

我们要找的骨干是愿意跟着公司走下去的骨干。我之前说过，管理只是披上事业象的生活，并非为了积累多少财富。经营企业最大的价值是在经营这个活动当中沉淀下生命中有温度的人。

通过这场管理活动，我们认识了一帮特别好的人，和这些人做了一件有意义的事，这就是我们做企业的价值。而这些人是需要靠我们自己去寻找、发掘、塑造、激励的。骨干就是老板管理的重心，你只要把这 20% 的人管好了，那你 80% 的业绩就完成了，所以骨干管理很重要。

小 结

请问你的公司是怎样发现骨干、塑造骨干的？

你是怎么激励骨干的？

你能让骨干长期地追随你吗？

你们是相互成就的吗？

大家可以思考一下。

05 第五章 用人篇 MANAGEMENT

「用人不是使用别人，是用自己影响别人」

用人有三个策略。第一是容人。你能兼容多少种类型的人，你的人生边界就会有多宽。第二是庸人。你把自己变成一个没用的老板，才能把人给用好。第三是拥人。你要拥护别人，老板切忌和员工抢功、与管理层争名。这三个策略对应的分别是管理人、管理事、管理心。

MANAGE-
MENT

一、用人的本质

> 用人不是使用别人。用人的本质是用自己影响别人，因此用人是一场修炼。
>
> ——大圣老师

人才是企业最大的财富，但不少企业在用人时，由于管理理念、管理机制等存在问题，导致企业用人方面乱象丛生，效率低下。许多老板不明白，用人并不是在使用别人，用人的本质是用自己影响别人。

人是一种非常复杂的动物，能不能很好地发挥价值，取决于他能否自我驱动。而老板对于员工来讲就是外因，能做的只是激发员工的自我驱动力，帮助他把内心的小人给关上，把伟人给激励出来，帮助他成为一个能够创造价值的人。

对于“70后”“80后”的员工，你用“管人”那套去管理可能有效，因为他们没有更多的工作选择。但是“90后”“00后”真的不差你那几千块钱的工资，一旦不喜欢工作，他们很可能就直接走了。也有一些非常出色的“90后”“00后”，他们是为了实现自我价值留在公司的，但是他们不喜欢别人去过多地干涉他、管理他。

现在的管理已经从“管人”“管事”过渡到“管心”。所以说用人不是指挥人、管理人，而是要影响人。你只有通过影响人，去激发人的自我驱动力，才能把人用好，而不是说，一定要让员工按照你的意愿去做事情。

因此，用人是一场修炼，由内而外地去影响别人。这场修炼需要用到三个策略，分别是容人、庸人和拥人。

MANAGE-
MENT

二、第一个用人策略：容人

用人的第一个策略就是容人。你能兼容多少种类型的人，你的人生边界就会有多宽。

一个人的内心如果能兼容不同的价值观，并且能够在不同的价值观里求同存异，那么这个人的内心就已经修炼得非常强大了。他能够自由地切换到任何一个场景，能够兼容更多的人，这些人能够给他带来不同的价值。

1. 容人的核心：把员工放在重要的位置

在战国时期，齐国的孟尝君喜欢招纳各种人做门客，他是来者不拒，有才能的让他们各尽其能，没有才能的给他们提供食宿。有一次，孟尝君率领众门客出使秦国，被秦昭王软禁并有性命之忧。孟尝君托人找到秦昭王最宠爱的燕妃，希望燕妃能帮忙说服秦昭王放了自己。燕妃提出，拿齐国那一件天下无双的白狐裘作为交换，才肯放人。这可叫孟尝君作难了，因为刚到秦国，他便把这件狐白裘献给了秦昭王。

在孟尝君愁眉不展的时候，其中一位善钻狗洞偷东西的门客自荐，将在宫中的精品贮藏室里的白狐裘顺利盗取出来，将孟尝君救出困境。重获自由之后，孟尝君连夜赶回齐国，在途经函谷关的时候，却吃了闭门羹。按秦国法规，函谷关每天鸡叫时才开门，半夜时候，鸡怎么可能叫呢？大家正犯愁时，只听见几声“喔，喔，喔”的雄鸡啼鸣，接着，城关外的雄鸡都打鸣了。原来，孟尝君的另一个门客会学鸡叫，而鸡是只要听到第一声啼叫就会立刻跟着叫起来。守关的士兵虽然觉得奇怪，但也只得起来打开关门，放他们出去。

这就是历史上鸡鸣狗盗的故事。

即使一个善钻狗洞、学鸡打鸣的人，也能在特定的时候发挥他的价值。任何一件事情都有一个对应的人有能力解决，每一个人都有他特殊的价值。公司里面没有废人，只有放错位置的人。

所谓容人，就是在任何时候，都要相信员工都是有价值的。

只有相信员工有价值，才能够激发他们的自我驱动力，真正地发挥出他们的价值。许多老板做不到容人，说白了就是心里没有给别人留位置，格局太小。一个大格局的老板，总是把自己的位置放在别人之后。

容人的核心就是把员工放在重要的位置。

很多老板都是累死的，赚到钱也不自由，究其原因就是老板没有给员工留位置，没有把公司变成实现员工梦想的一个平台。

如果一个老板能让员工觉得，只有你能实现他的梦想、升华他的梦想，那么这个员工任谁也挖不走。要想真正管理好一个企业，一定要先帮公司的骨干实现他的梦想。

要修炼自己的格局，树立一种企业家的价值观。

建立公司就是建立平台，这个平台是面向员工的，是用来帮助员工实现他们的梦想的，在这个过程中顺带实现自己作为老板的梦想。

要明白“公司”并不是自己的“私司”。如果你认为公司是你自己一个人的，那么出了任何问题都将由你自己来扛，终究会把你累垮，即使赚到钱也不自由。

老板只想着公司，而员工只想着工资，这种状态下，老板和员工永远是对立面。

建立公司就等于建立平台，平台对于每一个人都是公平的。比如海尔打造创客平台，鼓励员工内部创业，公司为创业者提供供应链资源，给予他们坚实的后盾。目前创立于海尔之内、发展于海尔之外的内部创业公司有200多个。

有一本书叫《裂变式创业》，作者鼓励企业让员工不断地裂变出项目。其实很多时候，一个员工一旦成长为牛人，要么他会选择自己当老板，要么可能跳槽去条件更好的公司做主管。而如果公司能打造成为一个平台，支持员工未来的发展，那么这个人就会留下来。

李嘉诚说过，是员工养活了公司。你要把员工放在比你更靠前的位置，要把员工利益放在自身利益之前。创立公司要抱着让员工赚到钱的目的。你想想，如果你的员工都能赚到钱，那你还能赚不到钱吗?

海底捞创始人张勇始终认为，只有当员工对企业产生认同感和归属感时，才会真正快乐地工作，用心去做事，然后再通过他们去传递海底捞的价值理念。

为了让员工过上更好的生活，海底捞给员工提供的宿舍全部是两居室或三居室，配备齐全。每个月还有专门的保洁员来打扫卫生，甚至为夫妻员工配备单独房间。有了舒适的生活作为后盾，海底捞员工在服务客户的时候就会更加地真心、更加地努力。

当你把员工照顾好的时候，员工自然能够把客户照顾好。如果你心里没有员工的位置，员工为什么要为你奋斗呢？

作为老板，我们都希望实现一个结果——“聚是一团火，散是满天星”。未来从公司出去的员工一定都是非常优秀的，在哪里都能够发光发热的。不要想员工给我们干一辈子，而要先想着如何让员工好一辈子，让员工在你的平台上得到一辈子的利益。

西点军校有一句名言：善待士兵如同尊敬伟人。士兵就是你的员工，对待士兵要像对待伟人一样去尊敬他，因为你的每一场战役都是这些士兵替你打下的。每一次的胜利都是因为有他们在前面为你冲锋陷阵，所以要给予员工应有的尊重。

如果你狭隘地认为企业是你自己的企业，那么对员工而言，这家企业并不属于他们。你自己的企业，跟员工有什么关系呢？凭什么你让他加班，他就得加班？你让他拼命，他就得拼命呢？

当你很狭隘的时候，员工会永远和你对立。

员工和老板的对立是企业管理问题产生的根源。只有老板和员工站在同一条战线，心往一个方向去想，劲朝一个点去使，公司才能发展得更好。

要让员工知道，企业是大家的企业，是大家一起打拼出来的事业。只有这样，员工才会为公司披荆斩棘，因为他们觉得在这家公司能够实现自我价值的升华。

有一个东莞的老板特别低调，在公司里只开皇冠，反而他下面的高管都开宝马、奔驰。他在公司承诺：“如果公司的所有高管都没能开上好车，都没能买上房，那么我永不换车。”他有决心和魄力，要让跟着他的每一个员工都过上更好的生活。

一个有格局的老板，一个大气的老板，是真正能容人的。企业的骨干都特别忠诚于他，很少会离开公司，甚至高管拿到分红之后，还会自发地投入团队的建设中，让团队得到更大的激励，企业上下的战斗力都特别强。

其实就算这位老板没有开豪车，大家也都知道他非常有钱。但是没有一个员工眼红老板太有钱，因为他们知道老板是真心实意地想让他们获得财富，得到地位的提升，所以他们用努力工作来回报公司，回报老板。

一个老板想要用好人，不是靠“厚黑学”，也不是靠“御人术”，而是靠你的格局、你的人格魅力去影响一帮人。只有这样，才能凝聚一帮志同道合的人打拼一番属于你们的事业。

老板要做的第一件事就是把员工放在更好的位置。只有把员工放在更好的位置，你才能发自内心地包容他、理解他，而不是动不动就批评员工、开除员工。

在思想篇中我们讲过，管理之所以痛苦，是因为你的思想不对，导致与员工形成对立。老板觉得员工能力不行，经常犯错，于是常常指责他；老板看到员工不够努力，甚至偷懒，于是非常生气；老板用心培养的员工却突然离开，于是觉得非常委屈。

我问过很多老板：你怎么看待你的员工呢？

有一位处于创业期的老板说：“员工在我眼里不是员工，从他们走进公司大门的那刻起，我就知道每个员工的头上挂着 200 块钱的标价——基本工资是 200 元 / 天。一天过去了，这 200 块钱也就飘出去了。”

由于员工在这位老板的眼里就是成本，所以他看到员工不做事，就想骂；看到员工做事效率低，就想批评；看到员工迟到，就指责；看到不喜欢的员工，就想开除。

作为老板，总是想拼命地使用员工，让员工时刻地干活，却没有想过，为什么员工一定要跟着你干活？为什么一定要为你创造价值？

你给了员工什么？

你对员工负责了吗？

你让员工看到未来了吗？

你有没有发现员工的长处？

你培训过你的员工吗？

你关注过员工的成长吗？

你发现他在公司的变化了吗？

员工刚进公司，对他负责的第一步就是要培训他。管理学教授沃伦·贝尼斯曾说："员工培训是企业风险最小、收益最大的战略投资。"有的老板一个月都不组织一次员工培训，甚至自己也没有学习意识。那员工如何成长，企业如何进步呢？

公司的所有事务都是靠人来运作的，人不行，一切都不行。没有能人，就干不出能事；没有人才，就挣不到钱财。所以，要重视员工的培养。既然你招聘的时候选择了他，那说明你已经认同了他。既然如此，你就需要对他负责，要去培养他。

一个真正厉害的老板，他的工作价值就是让每个员工都能够在财务上有获得感，在人生上有成长感。能做到这个程度，说明你的管理到位了。

2. 容人的做法

我们知道要给员工留位置，需要容人，那具体应该怎么做呢？

容人之过	培训他
容人之短	改进他
容人之怨	激励他
容人之长	发挥他
容人之言	接纳他

（1）容人之过

如果员工犯错了，作为老板，你要宽容他、培训他。

公司发现员工的错误是一件好事，要给员工犯错的机会，抓住员工的错误来培训他。一方面，出现问题后，老板要与员工共同摸索解决问题的方法论，让员工能够在其中得到成长；另一方面，让员工看到老板的格局。

你把精力投放给员工，让他觉得你是在真正地帮助他。对于员工的每一次进步，你都要指出来，要给予认同与鼓励，告诉他你比之前哪里进步了。这样，员工才能有获得感与成长感。

（2）容人之短

对于员工的缺点，作为老板，你要包容他、改进他。

每一个人都有优点和缺点。老板不应该总盯着员工的缺点，而是要多去挖掘员工的优点，去更好地发挥员工的价值。

每个人都有缺点，尤其是有才能的人，脾气大，非常有自己的个性。如果你不能容人之短，那么这些有才能的人，你是留不住的。

（3）容人之怨

如果员工有怨气，作为老板，你要容忍他、激励他。

一个人是不可能永远保持正能量的，再正向、再积极的人，也会有抱怨的时候。员工也是如此，在工作中总会产生一些负面情绪。作为老板，你必须站在更高的角度去看待“抱怨”这件事情，应该去理解你的员工，谅解你的员工。你要找出产生负面情绪的原因，尽量去帮助员工、开导员工，给予员工正向的激励，减少负面情绪的扩散。

你要大胆地承认公司并不是绝对的公平，也没有人能够做到绝对的公平。作为老板，你要带头做自我批评。我们在思想篇讲过，老板一定要带领公司员工做自我批评，这样，员工才能够接受更多的不公平。

（4）容人之长

对于长处特别突出的员工，作为老板，你要容纳他、发挥他。

很多老板都有这样一个毛病：害怕公司的员工太能干，会显得自己镇不住场子，怕别人觉得老板无能，因此就不去提拔员工，甚至打压员工。说到底，还是老板的格局不够，容不下别人的长处。

其实，判断一位管理者是否真正厉害，就要看这位管理者能培养出多少优秀的员工。培养的优秀员工越多，越说明你的能力和胸怀都是优秀的。一个员工跟着你干，能够自由地发挥长处，创造出更高的价值，这其实是一件好事。因为优秀的人只愿意跟着优秀的人，你们可以取长补短，互相成就。

（5）容人之言

对于直言进谏的员工，作为老板，你要谦虚地听取他的意见，真心地接纳他。

大多数的电商团队规模都不是很大，普遍在50人以内。所以电商老板接触基层员工的机会很多，能够听到更多不同的声音。

员工给你提意见、提想法，无论是否正确、是否可实现，都要及时地进行激励，要能够兼容更多人的意见。对于正确的意见，可以采纳；对于不切实际的意见，可以作为公司查漏补缺的参考。一个人的想法是有限的，只有兼容更多人的思想，公司才能发展得更加强大。

当然，如果公司的规模已经达到了好几百人，已经有了内部规章制度，那么就没必要听每一个员工的意见，因为太费精力，而且众口难调。但当公司规模在50人以内的时候，员工说的话你要听得见。只有这样，你才能够做出更好的决策。

总结起来，老板要做到以下几点：

首先，要给员工犯错的机会。不要揪住错误不放，不要天天心存怨气，埋怨员工犯错。如果是小的错误，即使知道他做错了也不要去干涉。等到事情结束之后再带领他复盘反思，用他的错误来教育他。靠错误温暖人心，帮助他实现自我成长。

其次，要给员工成长的时间。员工没有成长，是因为管理者没有花时间在他身上，没有培训到位。你想让员工成长为你需要的样子，你就得塑造他、培训他、引导他。一定要把培训工作做到位，要让企业的学习常态化。

再次，要给员工施展才能的空间。要多问员工想干什么，多去验证员工能干什么，多给他成长的获得感。员工只要成长，就要给他相应的激励。老板不要束缚员工，要给员工一个自由发挥价值的平台。

最后，要给员工提建议的通道。老板应该多听听员工的埋怨，多听听基层的意见，多鼓励员工建言献策。只有这样，才会有更多的人愿意给你出谋划策，才能集思广益，把问题解决得更加完善。

3. 容人的底线

> 一个优秀的企业家通常都在想大事，做难事。所以成大事者要有兼容心，做难事者要有柔韧心。
>
> ——大圣老师

你要容得下各种各样的人。只要你将员工招进你的公司，就已经完成了选人的步骤，说明你们基本上是相互认可的。你们是走上同一条路的伙伴，你需要对他高度负责。你要让员工有更好的获得感和成长感，这才是一个正确的企业价值观。

有相关实验表明：宽容有益于人体身心健康。老板经常是被气死的，你要消除仇恨、愤怒等不良情绪，放自己一马。

有关专家做过一场实验：先让接受实验者用宽容的心态回忆一个曾经受伤害的画面，然后再用非宽容的心态去回忆同样的场景。结果表明，接受实验者在非宽容时期的平均心率从每 4 秒 1.75 次增加到了每 4 秒 2.6 次，血压也随之升高。

此外，美国斯坦福大学曾做过一个《斯坦福宽容计划》。通过实验发现，所有参与活动的人中，有 70% 的人表示，宽容能使受伤害明显降低。还有 20.3% 的人表示，宽容能使怨恨带来的不适感有所减轻。

因此，容人不仅是在宽容别人，也是在放过自己，不要让负面的情绪成为工作的负担。有足够的心胸去容纳别人，许多事其实没什么大不了的，问题总能找到解决的方法。

一个电商老板问我：老师，我们公司的一个中层干部，脾气特别暴躁。员工一旦犯错，他会直接跟员工发生冲突。其实他说的是对的，员工确实也是犯了错。但员工就是很逆反，不服他，甚至直接对抗他。这个问题应该怎么解决比较好呢？

我说：管理的目的是解决问题，而不是分清对错。像你这位中层干部，与下属发生冲突还非要分出个对错，其实是很不成熟的行为。其实他可以反问下属："发生这种错误，如果你是我，你觉得应该怎么处理？"

一定要让员工认识到自己的错误，并且让他给出一个处理方法，让他站在你的角度上来理解你的难处。

这种管理方式其实已被很多企业所运用，在阿里巴巴叫"抓头发"，就是把员工的格局给提上来。通过这种方式沟通的时候，员工会自然而然地换位思考，而不仅局限于自己本身的岗位。员工也能够对上级产生理解，明白领导的不易，意识到自己的不足。

管理是灰度的，是没有一个对错的评判标准的。许多问题可能需要通过时间去解决，而许多问题也需要实践的反复验证。可能员工犯了个错，才会意识到问题的存在。有些人就是不撞南墙不死心，他非得自己去实践一次，才能死心。万一在奔向南墙的过程中，员工真的能找到越过那道墙的诀窍呢？

每个人的成长方式不同，方丈是悟出来的，将军是拼出来的。要给员工时间去学习、去积累，用宽容的心态让员工成长，才能够把管理给做好。

有的问题也许有一个标准的正确答案，而有的问题可能是开放式的，有多种解决方式。甚至有的问题根本就没有答案，你只能想尽办法去得出一个最优解。有时候你认为你的管理方式是正确的，但其实解决起来反而产生错误的结果。

所以管理是没有正确和错误之分的，最重要的是：问题是否能够真正地得到解决。

曾国藩曾说："人不可无刚，无刚则不能自立；人不可无柔，无柔则不可亲。太刚则折，太柔则靡。只有刚柔相济，人才能无往而不胜。"

虽然容人是老板要修炼的，但容人也是有节制的，也是有底线的。

第一，容人要有时间限制。比如员工在进入公司半年之内，允许犯一些低级的错误，但半年之后如果再犯，那就是不可容忍的，说明他根本没有用心在工作。

第二，容人也要分类别的。什么类型的人你可以去容忍，而什么类型的人是不能一再纵容他的。如果一个员工虽然能力很强，但是态度很不好，目中无人，那就是不可容忍的。我们只会包容那些有意愿和老板站在同一条战线的人。

第三，容人要有一个限度。在不违反原则的范围内，你可以接受员工价值观的不同。但对于违反自己原则的事情，是绝对不能容忍的。

有两个老板都说，自己公司里有一个员工特别令人气愤，想把他给开了。结果这两个老板一个真的把员工开了，一个没有。最后反而没开除员工的那个老板的企业活得更好，因为这个老板通过这件事情练出了更大的胸怀，对更多复杂的事情具备了更强大的处理能力。

在遇到大水来的时候，不能去堵住它，而是要去疏导它。任何问题都是可以解决的，主要取决于你能不能容纳更多的人来帮你解决更多类型的问题。

MANAGE-
MENT

三、第二个用人策略：庸人

很多老板的一天是这么度过的：

每天一上班，办公室门口就会有几个人等着请示工作，而且电话响个不停。一会儿又到了会议时间，经理们提出各种各样的问题，然后等着老板拿出解决办法。

很多老板没有意识到，其实你已经沦为给你员工打工的人了。很多老板特别忙、特别累，可是却不知道自己和下属的地位完全倒置了。老板不知不觉当中被下属牵着鼻子走，强势的老板被弱势的下属给反领导了。

很多电商老板特别忙，工厂有这个问题，客户有那个问题，发货又出了其他问题，一天接几十个电话。

当一个老板特别忙的时候，说明他的管理出了问题。因为他成了一个事务型的老板，会陷进各种各样的事物中。他没有时间思考公司的发展方向和战略问题。

一个老板特别忙的时候就会变得特别麻木，心里特别茫然，最后企业会走到一个特别迷茫的地步。

很多优秀的企业家创造企业价值都是在最闲的时候，佛祖能顿悟就是在菩提树下静坐的时候。很多正经事，都是在闲的时候想出来的。很多老板谈生意特别喜欢去桑拿房，泡在一个池子里能聊出好多事。反而在工作的时候，你会陷入各种各样的事务当中。

> 很多老板有个毛病，就是和员工抢事做。总觉得员工做事效率太低，做的结果太不好，于是替员工干，最后沦落为给员工打工的人。
>
> ——大圣老师

很多老板有个毛病，就是喜欢和员工抢事做。老板觉得培养员工特别没效益，还不如自己干，然后就会替员工干活，最后就沦落成给员工打工的人。员工会觉得老板既然那么能干，那就让老板自己干吧。

所以用人的第二个策略就是庸人。你一定要把自己变成公司里只会动嘴、不会做事的人。

1. 庸人的核心：务虚要强，务实要弱

作为老板，你一定要会动嘴，而不是动手和动脚。如果你是习惯性地动手和动脚，那你的企业永远做不大，你会累死。如果你是动嘴，那就是用大脑赚钱，你就可以领导一批牛人，开创很好的事业。

“庸人”的意思不是在思想上“庸”，而是在四肢上变得慵懒。

为什么很多老板特别喜欢抢着干事情？

一是因为总怕下属做不好事，因此喜欢处处对下属指指点点。而且他还挺洋洋自得，觉得自己很精明。这样会导致下属不敢拿主意，

甚至老板不在就不做事。

二是想掌控别人。很多老板喜欢掌控别人，但是又缺乏系统控制的方法，所以早请示晚汇报成为必须。通常情况下，老板的命令是命令，建议也是命令，员工即使不理解也要遵照执行，慢慢地下属就养成一种习惯，“不求有功但求无过”“多一事不如少一事”。反正都是老板拿主意，员工做得越多，错得越多。

很多时候老板的意见不一定是对的，因为老板不是万能的，不可能什么都懂。但是下属已经习惯唯命是从，一般不会当面向老板提出质疑，如果下属发现老板指令有问题或者根本行不通时，就根本不行动。于是老板问的时候，下属就找出一些理由，最后老板不得不亲力亲为解决自己制造的麻烦，导致老板永远忙忙碌碌。

老板把员工的事都干完了，那员工没事的时候干什么呢？

一个没事做的下属一定会搞点事情做，以显示他的存在价值，然后等着老板解决他通过这个事造成的问题。因此如果老板和员工抢事干，下属将永远用这种最简单、最无聊的手段“领导着”那些自认为聪明的老板。

老板务虚要强

老板务实要弱

很多时候老板在决策的地方要强，务实的地方要弱。老板一定要学会务虚，务虚一定要强。告诉员工往哪个方向去努力，这个事情要强。但是在具体的事上，老板一定要弱，老板越弱，越能够激励出厉害的员工。

老板用人是为了发挥人才的作用，而不是要发挥自己的，不是要众星捧月的。如果老板务虚很强，务实也很强，那基本上你的员工只会跟着你干，就受你领导，那还有什么话语权？你的员工就是一个机器，他没有任何自我意识，肯定成不了人才。

> 老板要想解放自己，要学会在可控的范围内砍掉手脚。老板的强势不是体现在做事上，而是体现在决策力上。老板不能被员工反领导。
>
> ——大圣老师

如果你要想解放自己，就要学会在可控的范围内砍掉手脚。老板的强势不是体现在做事上，而是体现在决策力上，老板不能被员工反领导。

2. 庸人的做法

老板分为两种类型：领袖型老板和教练型老板。

领袖型老板对所有的事情都很有掌控力。老板说咋干，员工就咋干；老板要往哪去，员工就往哪去。公司的人都听老板的，按照老板的方法来做事。这种老板适合创业初期。在创业初期，没有人比老板更厉害，所以就听着老板的号令往前冲。

在公司发展的中后期，老板要修炼成教练型老板，学会让员工发挥作用。所以给老板一些建议，学会做一个“庸人”。

老板动口少动手

老板发问少发气

老板有招少出招

（1）老板动口少动手

老板尽可能地多动嘴巴，不要亲自动手。如果一定要动手，那你要少动手，示范一下可以，但是千万不要经常动手。

一个工厂的老板特别在乎厂里的卫生管理，要亲自抓卫生。有一次就发现地上有一些烟头，老板就直接捡起来扔到垃圾桶里了。老板这么做也没错，他想更好地示范给员工要爱护环境。

但员工会怎么想呢？员工想反正老板看到这个烟头会捡，反正老板自己在乎自己的工厂，自己维护得很好。这件事情会导致员工的自我要求不高，那么正确做法是什么呢？

就是当你发现地上有烟头，千万不要亲手去捡它，而是可以看看你旁边那个员工，然后再看看那个烟头，如果那个员工不动手去捡，你再看看那个员工，再看看烟头。

员工只要不傻，只要不是非跟你对着干，一定会去捡那个烟头的。当他亲自去做这件事情之后，一下子就发现了其实是他自己没有把卫生工作做好，以后他一定会注意的。

所以尽量不要和员工抢事情做，你明知道这个事情你能干也不要和员工抢。很多老板觉得，这个员工培养两个月了还不行，做不好又特别慢，但哪怕慢一点至少是做了，虽然你做得很快，但那不是你该干的事情。如果员工做事情总是很慢，怎么培养都不行，那你可以把他换掉。

（2）老板发问少发气

老板遇到员工做错事情时，不要发脾气。这个是你被脾气控制，还是你控制脾气的问题。

你要学会问你的员工：

为什么这个烟头会出现在地上？

今天的卫生检查出了问题吗？

是不是检查流程有问题呢？

我们的宣传是不是不到位？

你要这么问员工，他自然会去解决问题。如果你光发脾气，对着他大骂一通，他不仅解决不了问题还积了一肚子气。

（3）老板有招少出招

老板虽然知道这个事怎么做，但是你要让员工自己去做。

即便员工做错也没关系，要通过错误来教育他。如果最后他想尽一切办法也没做好，那你再给他出出招，给他一个选择题，让他从三招中选一招去做。员工会觉得，老板真的很厉害。老板轻易不要动手，要动手就动个大手笔。

3. 庸人的教练式沟通

你要经常和员工沟通，而不是命令他。要经常用三种类型的沟通语言。

（1）“你觉得呢？”

举个例子。美工给你看他做的页面，如果你上来给他一通意见，就是等于帮他干活的。

你可以说：其实这个页面没有打动我，毕竟你是做页面设计的，你很专业，你觉得这个页面应该怎么去改呢？哪里还可以再改改呢？

美工会说：我觉得 ××× 地方可以改改。

你说：那你觉得应该怎么改比较好呢？

美工说：我觉得应该这么改比较好，×××。

你说：那你去改改，再看效果如何。

（2）“如果……，你会如何？”

如果你是一个消费者，你会点这张图吗？我们的卖点是干燥速度快，如果把这句话写到图片上，你认为消费者会点吗？如果你是主管，你觉得这个图片是什么级别？如果你只有 4 万块钱，你会怎么去做推广？

（3）“我觉得你可以考虑……？”

当你出单的时候，我觉得你可以考虑 ××× ？

当你用教练式语言沟通的时候，员工自己开始思考。教练不是在球场踢球的那个人，是指挥别人踢进球的人，你要引发别人去踢进球。

陈涛在大学期间是学校有名的文学青年，常常发表一些作品。毕业之后应聘到一家外贸公司做业务员的助理。工作之余，陈涛喜欢在网上浏览各大文学网站，有时候手痒就在上班时间写一篇文章发到网上去。陈涛觉得只要不影响工作就无所谓，再说还能缓解一下工作疲劳。

可是部门的经理看到陈涛没事就在公司舞文弄墨，觉得迟早会影响正常工作。果然不出所料，有一次陈涛写得起劲，忘记了把资料传给客户，结果客户打电话过来，把业务员给骂了一通。业务员觉得特别委屈，于是要求经理把陈涛给调走。

陈涛也觉得这件事完全是自己的错误，等着挨批。可是经理把陈涛叫到办公室后，表情看上去没有那么愤怒，反而让陈涛坐下，和颜悦色地说："小陈呀，听说你在大学里就是个有名的才子啊。"

陈涛一时间不知道怎么回答，只能笑一笑。

经理又说："什么时候也让我欣赏一下你的大作呀？"

陈涛见经理这么随和，一颗心就不那么紧张了。

然后经理就和陈涛聊了一些文学，比如你喜欢哪个流派，写作风格大概是什么。陈涛发现经理在这些方面还是有几分造诣的。

时间差不多了，经理就说："下次咱们再聊，不过希望不是因为你工作失误而进我的办公室。"陈涛点点头，决定以后要专心工作。

后来经理和牢骚满腹的业务员沟通了一下，业务员对陈涛总算消了气。

后来陈涛在工作中果然一丝不苟，再没有出现过差错，年底被评为优秀员工。在领奖台上，陈涛感激地看了经理一眼。

这个故事说明，其实一个人的沟通方法可以不用那么刚强，不用那么直接，不用那么粗暴。而且最重要的是你的沟通，不是要沟通这个事情的对错，而是要沟通这个问题的解决方案。

所谓的教练式沟通，不是强制性的灌输，而是给沟通对象以启发，让他从内心里发生改变。

MANAGE-
MENT

四、第三个用人策略：拥人

> 老板切忌和员工抢功，与管理层争名。不拥有，其实是最大的拥有。
>
> ——大圣老师

1. 拥人的核心：不和员工抢功，不与管理层争名

拥人，说白了就是拥护人。我们要学会拥护别人，不和员工抢功，不与管理层争名。有些老板为了显示自己聪明，老是喜欢和员工抢功，喜欢和管理层争名。其实不拥有，才是最大的拥有。

“不与上天争高，不与君子争名，不与小人争利。”如果你与上天争高，你会把自己累死。如果你与君子争名，君子会与你成为敌人，因为君子都很惜名，为了维护自己的名誉他会不惜一切代价。小人不择手段，更不能与其争利。

这是一个人生的大道理，在职场里，中层干部要“不与上级争锋，不与同级争宠，不与下级争功”，而老板要“不与下级争名，不与下级争功，不与下级争利”。一个老板要学会拥名于人、拥功于人、拥利于人，你才能真正受到别人的拥护。

如果一个老板算计得太清楚，员工也会算计得特别清楚。一个老板特别在乎名头，特别在乎自己的英明，你的员工就没办法彰显自己的优点。

很多老板总是想着和员工争，证明自己是厉害的、英明的、万能的。要么是出于管理上的不自信，要么就是他没有把自己放在老板的位置。他没有想清楚他的竞争对手不是自己的员工，而是外界。

你的圈子是你的员工接触不到的，你的边界远远比你的员工大，所以你要向外，而不是向内，要让你的员工知道你在外面很厉害。与内争功、名、利是不对的，你应该向外去拓宽你的圈子，积累你的人脉，增长更多的见识。

美国著名的足球教练伦巴尔蒂在谈到他的球队如何建立团队精神时说：“如果有什么事办糟了，那一定是我做的；如果有什么差强人意，那是我们一起做的；如果有什么事做得特别好，那一定是球员做的。这就是使球员为你赢得所有比赛的秘诀。”

这是一种很高明的领导风范，这种与下属共享荣誉的精神激励了每一个球员。能做到这一点，其团队精神就是牢不可破的，这也是球队的必胜之理。

2. 拥人的做法

（1）不争利

老板少算计员工，不要总是算得特别清楚。很多老板还说话不算话，说年底给的奖励从来不兑现。尤其在企业困难的时候更不能亏待员工。

（2）不争名

用名誉驱动员工，没有名头就创造名头，用各种各样的名头来激励员工，而老板唯一的名头就是老板。在公司里，你要把荣誉给你的员工。

（3）不争功

对于工作成果，你要找到具体执行的员工去表彰。虽然决策是你做的，但执行是别人做的，你要找到这个人去表彰，把功劳归功于他，这样他才有成就感和获得感。

MANAGE-
MENT

五、用好牛人和专业的人

（1）用好牛人

有一种人管理起来比较难，就是牛人。牛人的岗位很重要；牛人的薪资待遇很高；牛人的脾气大；牛人容易朝三暮四；牛人很容易出去创业。牛人功劳挺大，但毛病也不少，甚至有一些牛人凌驾于老板之上。

> 牛人之所以牛，甚至凌驾于老板之上，核心在于其不可替代性。所以管控牛人就是管控企业的风险，不会因为牛人的流失而损失巨大。管控牛人的唯一方法是让其永远不具备不可替代性。
>
> ——大圣老师

有这样一句话：如果你经常单独带着同一个高管到处出差，那么这个高管就离出去创业不远了。因为他是唯一能够掌握你各种各样资源的人。一个员工越像你的时候，越容易出去创业。如果这个牛人感觉自己比你还厉害的时候，就容易出去创业了。

治理牛人的唯一方法就是让其永远不具备不可替代性。不要让牛人不可替代，让他培养出能接班的人。如果这个人很厉害，那么你找三个人加起来可以替代他也行，能找一个可以制衡他的人也行。华为的人才都是可复制的，基本上不存在不可替代性。

（2）用好专业的人

很多老板不懂运营，这个时候该怎么去管理那些比自己专业更厉害的人呢？

> 如果你没有他专业，那你没必要深究其术，但是一定要知道其道，让其讲清楚其中的核心决策逻辑。如果他不能把复杂的事情通俗地讲给外行听，那说明他还不是真正的专业人士。而你一旦听得懂核心决策逻辑，那你就能管控得了他。
>
> ——大圣老师

你要让员工讲清楚其中的核心决策逻辑。如果他不能把复杂的事情通俗地讲给外行人听，那说明他还不是一个真正的专业人士，他不能说清楚其中的方法论。如果员工能讲明白，说明他的水平高，而一旦你能听得懂核心决策逻辑，那你就能管住他了，因为你能从中看出他的一些逻辑是否正确。

我们经常讲老板是什么？老板不是牛人，不是英雄，不是领袖，老板是一个服务员。一个企业的组织架构应该像树一样，最底下的是老板。

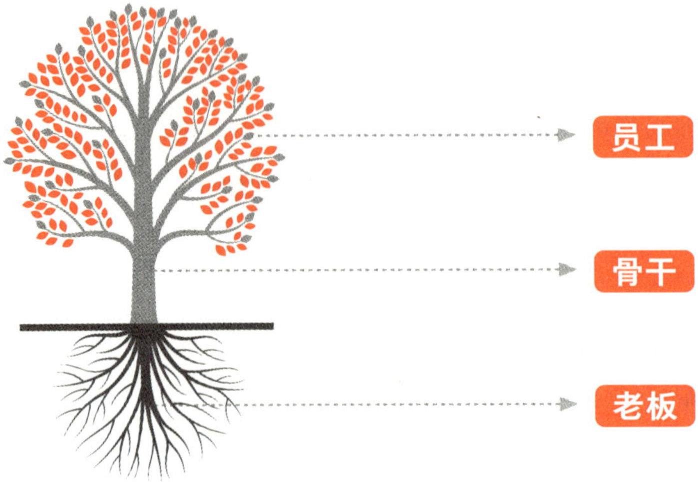

老板是根，要吸取各种营养，组成各种各样的圈子，参加各种各样的交流。老板平常也不会做什么事，根就干一件事，拼命地汲取思想上的智慧，不断地往下扎，扎得很深，然后为整个团队输送精神营养。

而你的骨干是什么？骨干就是树的枝干，帮你支起整个公司。这些枝干怎么来的呢？是从你的根里面发出来的。你的根滋养出和你思想一致的骨干，成为你的自己人。你看冬天树叶都掉光了，谁还和你在一起呢？只有骨干。所以说骨干是你的自己人，你要凝聚这一小撮人才干成大事。任何危险的时期你都能渡过去，因为你有骨干。

而员工是什么？员工就是树上的叶子。你的员工是不稳定的，今天跳到这里，明天跳到那里。一刮风，树叶哗哗掉，它不稳定，所以员工的流失率一般都比较大。但是员工遇到任何事情时，他发声发得特别快。

老板是无为而治，老板是无名的。发声最多的是树叶，干活最多的是树叶，迎着暴风雨，迎着雷电，迎着太阳，迎着一切的都是树叶。供给他们营养，他们才能繁荣，才能让别人觉得，哇，这是一棵参天大树，长得真茂盛。然后这些树叶从外面汲取很多的阳光，让这个根吸到更多的营养。

你的每一个商业项目都是这些树叶帮你发现的，帮你积累更多的营养。这个时候你会发现你是最轻松的状态，你只要把根扎好，什么事都有人帮你做了。

像象棋一样，将帅都是在最中间最后面，前后摆着车马炮，最前面摆着五个士兵，这才是最合理的组织架构。很多老板跑到最前面去了，结果把自己给累死了。因为老板不能容人，所以没有把员工放在第一位；因为老板不能庸人，所以老板不能退到最后一位；因为老板不能拥人，所以老板没有分功和利去滋养员工，让他们繁荣昌盛。

正确的组织架构是老板创立了平台，这个平台上的人分成骨干层和基层，帮你汲取无数的营养。他们帮你解决问题，然后你通过相应的激励，通过汲取出来的营养，通过利益来激发他们。

小结

你了解用人的本质吗？

你能做到容人、庸人、拥人吗？

你会用牛人吗？你会用比你专业的人吗？

你能做一棵树的根吗？